外国法典译介丛书

波斯尼亚和黑塞哥维那刑法典

王立志 译

外国法典译介丛书

知识产权出版社
全国百佳图书出版单位
—北京—

图书在版编目（CIP）数据

波斯尼亚和黑塞哥维那刑法典/王立志译. —北京：知识产权出版社，2022.7

ISBN 978-7-5130-8211-2

Ⅰ.①波… Ⅱ.①王… Ⅲ.①刑法-法典-波黑 Ⅳ.①D955.554

中国版本图书馆CIP数据核字（2022）第103426号

内容提要

本书由总则、分则和附则三部分组成。总则对犯罪和刑法的一般原理、制度予以规定，具体包括释义、基本规定、刑法规范的适用、时效、犯罪、刑事责任、刑罚、缓刑、保安处分等内容。分则对具体犯罪的犯罪构成及法定刑予以规定，具体包括针对公民个人自由和基本人权的犯罪、针对波斯尼亚和黑塞哥维那完整性的犯罪、针对人权和其他受国际法保护的基本权利的犯罪等内容。附则是刑法典的过渡及结束条款，具体包括刑事制裁措施的执行和本法典的生效时间。

本书适合刑法学领域研究人员及涉外刑法实务工作人员阅读。

责任编辑：龚　卫　　**责任印制**：孙婷婷

执行编辑：吴　烁　　**封面设计**：张　波

波斯尼亚和黑塞哥维那刑法典

BOSINIYAHEHEISAIGEWEINA XINGFADIAN

王立志　译

出版发行：知识产权出版社有限责任公司		**网　　址**：http://www.ipph.cn	
电　　话：010-82004826		http://www.laichushu.com	
社　　址：北京市海淀区气象路50号院		**邮　　编**：100081	
责编电话：010-82000860转8768		**责编邮箱**：laichushu@cnipr.com	
发行电话：010-82000860转8101		**发行传真**：010-82000893	
印　　刷：三河市国英印务有限公司		**经　　销**：新华书店、各大网上书店及相关专业书店	
开　　本：880mm×1230mm　1/32		**印　　张**：7.125	
版　　次：2022年7月第1版		**印　　次**：2022年7月第1次印刷	
字　　数：170千字		**定　　价**：58.00元	

ISBN 978-7-5130-8211-2

出版者的话

坚持走中国特色社会主义法治道路，更好地推进中国特色社会主义法治体系建设离不开当代法学理论的引导和推动，其中外向型、国际型的法学研究无疑具有重要价值，既能丰富法学理论研究，又能对完善相关立法提供有益参考。目前，虽然已有一些外国法典的翻译丛书，但大多数出版时间较早，而法律为顺应社会发展在不断修订完善，鉴于此对当前最新的外国法典进行译介是合时宜且必要的。

“外国法典译介丛书”旨在推动我国外向型、国际型的法学基本理论的研究和探讨，对不同法系、不同国家的法学理论和法律制度进行研究，及时跟进国内外比较法学发展的最新动态和研究成果，为我国法治建设提供具有启发性、可行性的借鉴和思路。同时，为法学研究者、实务者在全球化过程中了解和运用外国法律制度打开一扇窗。

我们希望通过本套丛书的积淀，为我国外向型、国际型法学研究尽绵薄之力，同时期盼从事法典翻译和国外制度研究的国内外专家、学者加入创编团队，为法治建设注入新的动能和活力。

知识产权出版社

译者序

波斯尼亚和黑塞哥维那（Bosnia and Herzegovina），简称“波黑”[1]，位于欧洲东南区域，是巴尔干半岛上的一个国家，现首都系萨拉热窝。波黑西部及北部紧邻克罗地亚及亚得里亚海[2]，东邻塞尔维亚，东南部与黑山接壤。在《代顿和平协议》安排下，波黑被分成穆克联邦和塞族共和国两个实体。[3] 波黑国土总面积 51 129 平方千米，人口 3 516 816（2016 年，其中穆克联邦的人口占总人口的 62.5%，塞尔维亚族共和国的人口占总人口的 37.5%）。[4]

---

❶ “波黑”在不同语境中有不同意义，而本书中所称的“波黑”，系指国家层面的“波斯尼亚和黑塞哥维那”，亦即“联合波黑”的简称。

❷ 波黑并非内陆国家，波黑在亚得里亚海有一段长仅约 24.5 千米的海岸线。正是这短短 20 多千米的海岸线如同卡在克罗地亚共和国边境的一根“鱼刺”，将克罗地亚共和国海岸线一分为二，并引发了波黑和克罗地亚两国之间长期的外交纠纷。

❸ 需要特别指出的是，尽管有宪法明文规定，但现如今波斯尼亚和黑塞哥维那本身仅为历史学上的地理区域名称。至今该国仍然没有直接使用这两个地理区域名称所代表的政治实体存在，仅有使用种族名称波斯尼亚人、克罗地亚人（穆克联邦）及塞尔维亚人（波黑塞族共和国）所代表的政治实体存在而已。

❹ 中华人民共和国驻波斯尼亚和黑塞哥维那大使馆．基本信息[EB/OL]．(2012-07-07)[2021-06-03]．http://ba.chineseembassy.org/zbgx/bhjx/201207/t20120707_2382412.htm.

为了规范有序地进行国家治理，构建正常的民主宪政及法制体系，波黑议会相继通过了2003年《波斯尼亚和黑塞哥维那刑法典》(以下简称《波黑刑法典》)、2003年《波黑刑事诉讼法》、2003年《波黑劳动法》及2004年《波黑民事诉讼法》等一系列法典。

《波黑刑法典》系由波斯尼亚和黑塞哥维那2003年第3号政府公告颁布，并于2003年3月1日实施。《波黑刑法典》是基于波黑现实国情的基础上形成的一部具有浓郁民族性及鲜明时代性的刑法典。和大多数国家刑法典有所不同的是，《波黑刑法典》是在波黑人民惨遭内战之后，立法者痛定思痛，对战争创痛有深刻体会的基础上制定并颁布的刑事实体法。《波黑刑法典》深受波黑战争的影响，涉及战争方面的诸多法条也能体现出立法者对于战争的深恶痛绝和高度警惕。《波黑刑法典》分为总则、分则及附则三个部分，分别对犯罪、刑事责任和刑罚的一般性原则问题，具体犯罪的罪状及法定刑问题，以及该刑法典的生效时间等问题作出了详细规定。《波黑刑法典》颁布之后，由于波黑政治经济及社会生活的不断变迁，波黑立法机关对该法典也不断地进行了相应的修正与完善。此后，《波黑刑法典》经过了波斯尼亚和黑塞哥维那2003年第32号政府公告、波斯尼亚和黑塞哥维那2003年第37号政府公告、波斯尼亚和黑塞哥维那2004年第54号政府公告、波斯尼亚和黑塞哥维那2004年第61号政府公告、波斯尼亚和黑塞哥维那2005年第30号政府公告、波斯尼亚和黑塞哥维那2006年第53号政府公告、波斯尼亚和黑塞哥维那2006年第55号政府公告、波斯尼亚和黑塞哥维那2007年第32号政府公告、波斯尼亚和黑塞哥维那2010年第8号政府公告、波斯尼亚和黑塞哥维那2014年第47号政府公告、波斯尼亚和黑塞哥维那2015年第22号政府公告、波斯尼亚和黑塞哥维那2015年第40号政府公告12次修正。这也使得《波黑刑法典》

的条文内容发生了较大变动，体现了刑法应当服务于社会生活实践的基本要求。《波黑刑法典》包含以下主要内容。

第一章 释义

《波黑刑法典》第一章第一条对该法典中所使用基本术语进行了界定[1]，具体包括“波斯尼亚和黑塞哥维那的刑事立法”“波斯尼亚和黑塞哥维那领域”“公职人员”“责任人员”“外国公职人员”“国际组织中的公职人员”“陪审员”“仲裁员”“军事人员”“儿童”“青少年”“法人”“商业组织”“团伙”“数人”“集体”“团体”“有组织集团”“有组织犯罪集团”“恐怖组织”“秘密信息”“文件”“犯罪收益”“财产”“货币”“有价证券”“可移动物”“交通工具”“暴力”“麻醉品”“武器或者军事装备”“放射性物质”“核材料”“核装置”“核设施”“固定平台”“爆炸性装置”“大屠杀”“万人冢”“性别”等。这些术语分布在《波黑刑法典》总则及分则的不同法条中，成为理解和适用该法典不可或缺的关键词，并构建支撑起《波黑刑法典》的主要框架体系。

第二章 基本规定

《波黑刑法典》第二章第二条至第七条是该法典的“基本规定”部分的相关内容。[2] 其中，《波黑刑法典》第二条确立了实施刑事法的基本原则及其限制，该条规定：“只有在威胁或侵犯个人

---

❶ 这类似于我国《刑法》第五章中的“其他规定”（第九十条至第一百零一条），然而和我国《刑法》有所不同的是，《波黑刑法典》中用了43个条文对重要“术语”进行规定，并且每个相关“术语”的具体内容也要详细得多。

❷ 这类似于我国《刑法》第三条至第五条中的刑法基本原则。

自由、基本人权以及被波斯尼亚和黑塞哥维那宪法和国际法规范所认可并予以保护的其他权利和社会价值的行为存在时，并且只有借助刑事法律处罚措施，方可切实保护上述权利或价值时，才能规定犯罪和相关刑事制裁措施。”这其实也包含了“刑法谦抑原则”之相关内容。《波黑刑法典》第三条确立了罪刑法定原则，该条规定：“刑事犯罪、刑事处分和强制措施只能由法律规定。如果在实施行为时，法律或国际法规范并未规定该行为为犯罪，则不能对行为人施以刑事处罚或者加以刑事制裁。”该法典第三条之一确定了责任主义原则，该条规定：“任何人，如果没有责任就不能被处罚，或者施以其他刑事制裁措施。”此外，该法典第四条至第七条还分别设置了“刑法适用时间的限制”“对实施过国际法规范所规定的犯罪的犯罪人的审判和刑罚”“刑事制裁的种类”“刑事制裁的目的”“刑事制裁措施执行的限制”等内容。

第三章　波斯尼亚和黑塞哥维那刑法规范的适用

《波黑刑法典》第三章第八条至第十三条是关于“波斯尼亚和黑塞哥维那刑法规范的适用”部分的相关内容[1]，分别规定了“在波斯尼亚和黑塞哥维那境内犯罪行为的刑法规范适用”“在波斯尼亚和黑塞哥维那境外发生的犯罪的刑法规范适用”“波斯尼亚和黑塞哥维那刑法规范对青少年的适用”“波斯尼亚和黑塞哥维那刑法规范对法人的适用”“排除波斯尼亚和黑塞哥维那刑法规范对儿童的适用”“本法典总则的适用”等内容。从上述规定来看，《波黑刑法典》在管辖问题上采取了以属地管辖为主，兼顾其他管辖的原则。

[1] 这类似于我国《刑法》第六条至第九条中所确立的刑事管辖原则。除此之外，该章还包括了对青少年、法人及儿童适用的特别条款。

第四章 关于时效的规定

《波黑刑法典》第四章第十四条至第十九条是该法典中关于“时效”部分的相关内容[1]，分别规定了“追诉时效的法定期限”“追诉时效的法定期限的开始及中断”“行刑时效的法定期限”“附加刑及保安处分执行时效的法定期限”“行刑时效及保安处分执行时效的法定期限的开始及中断”“不适用时效的情况”等内容。其中，《波黑刑法典》所规定的追诉时效及行刑时效的最高期限为35年。

第五章 犯罪

《波黑刑法典》第五章第二十条至第三十二条是该法典中关于“犯罪”部分的相关内容，其中分别规定了“犯罪行为”“犯罪实施方式”“犯罪时间”“犯罪地点”“显著轻微的行为”“正当防卫”“紧急避险”“强制及胁迫”“犯罪未遂”“不能犯未遂”“犯罪中止”“共同正犯”“教唆犯”“帮助犯”“共犯刑事责任及处罚”等内容。由此看来，第五章设置了《波黑刑法典》总则部分中最为核心的条文规范。

第六章 刑事责任

《波黑刑法典》第六章第三十三条至第三十八条是该法典中关于“刑事责任”部分的相关内容，分别规定了“刑事责任基本要素”“心智能力”“故意”“过失”“事实认识错误”“法律错误”等内容。其中，《波黑刑法典》对法律错误设置了相应的免罚规定。

---

[1] 与我国《刑法》有所不同的是，《波黑刑法典》中除了追诉时效之外，还规定了行刑时效。

第七章 刑罚

《波黑刑法典》第七章第三十九条至第五十七条是该法典中关于“刑罚”部分的相关内容，分别规定了“刑罚之目的”“刑罚的种类”“主刑和附加刑”“监禁刑”“监禁刑的替代措施”“长期监禁刑”“社区服务”“假释”“撤销假释”“罚金刑”“罚金刑的替代措施”“量刑的基本原则”“减轻处罚”“减轻处罚的限制性规定”“免予处罚”“对于过失犯免予处罚的特殊情况”“数罪并罚”“连续犯”“对已经判刑之人的刑罚裁量”“审前羁押和先前处罚的折减”“国外审前羁押和先前在国外服刑的折减”等内容。《波黑刑法典》仅设置了监禁刑、长期监禁刑和罚金刑，没有终身监禁和死刑。另外，从该章具体条文中不难看出，《波黑刑法典》中也体现出一般预防和特殊预防相结合的主旨精神。

第八章 缓刑

《波黑刑法典》第八章第五十八条至第六十七条是该法典中关于“缓刑”部分的相关内容，分别规定了“缓刑之目的”“缓刑的适用”“犯罪人在缓刑考验期的义务”“因犯新罪而撤销缓刑”“因发现漏罪而撤销缓刑”“因未履行特定义务而撤销缓刑”“缓刑撤销的截止期限”“附保护性监管措施的缓刑”“附保护性监管的义务”“发布附保护性监管的命令”等内容。其中，《波黑刑法典》对适用缓刑者规定了诸如“在有资质的健康护理机构中接受治疗；戒除服用酒或鸦片（致幻性药物）；到专门性心理、生理或者其他顾问机构接受指导，按照其建议而开展活动；接受职业培训；接受雇佣，从事能够提升工作技巧和能力方面的活动”等多种附属性义务。

第九章　保安处分

《波黑刑法典》第九章第六十八条至第七十四条是该法典中关于“保安处分”部分的相关内容，分别规定了“保安处分之目的”“保安处分之类型”“保安处分之适用”“强制性精神治疗”“对酒精和麻醉品成瘾的强制治疗”“禁止从事某种职业、进行某种活动或担任某种职务”“对物没收”等内容。按照《波黑刑法典》第六十八条之规定，“保安处分之目的在于消除能够引发犯罪人日后再次犯罪的环境或条件”。

第十章　和训诫措施、矫正措施及青少年刑罚有关的规则

《波黑刑法典》第十章第七十五条至第一百零五条是该法典中“关于和训诫措施、矫正措施及青少年刑罚有关的规则”部分的相关内容，分别规定了“本法典中适用于青少年犯罪人的特殊条款”“适用训诫措施的条件”“适用训诫措施之目的”“训诫措施的类型”“训诫措施之选择”“对青少年犯罪人的刑事制裁措施”“矫正措施和青少年监禁之目的”“矫正措施之类型”“矫正措施”“矫正措施之选择”“将青少年犯罪人送往纪律约束中心”“由父母、养父母或监护人执行的强化性监管措施”“在寄养家庭中的强化性监管措施”“有资质的社会救助机构的强化性监管措施”“强化性监管措施中的特殊义务”“送往教育机构”“送往教育矫正所”“送往其他训教机构”“停止执行及改变矫正措施的决定”“重复决定实施矫正措施”“对年长青少年犯罪人的刑罚”“青少年犯罪人监禁”“裁量青少年犯罪人监禁”“对同时审判的数罪宣告矫正措施和青少年犯罪人监禁”“青少年犯罪人监禁的行刑时效”“对犯罪时是

青少年而审判时是成年人的刑事制裁措施”“对年轻的成年人[1]适用矫正措施”“对青少年犯罪人适用保安处分措施”“刑罚对矫正措施的影响”“矫正措施及青少年犯罪人监禁的法律后果”“矫正措施适用之记录”等内容。《波黑刑法典》之所以设置上述条文，主要是为了通过适用恰当的训诫措施，从而使得青少年犯罪人不再重新实施犯罪。

第十一章　执行刑事制裁措施之基本规定

《波黑刑法典》第十一章第一百零六条至第一百零九条是该法典中关于“执行刑事制裁措施之基本规定”部分的相关内容，分别规定了“监禁刑或者长期监禁刑的执行”“刑罚执行的限制”“犯罪人从事劳动”“青少年犯罪人监禁刑的执行”等内容。根据《波黑刑法典》第一百零八条之规定，犯罪人如果具备劳动能力，可以从事力所能及的劳动。

第十二章　没收犯罪的财产收益及定罪的法律后果

《波黑刑法典》第十二章第一百一十条至第一百一十六条是该法典中关于“没收犯罪的财产收益以及定罪的法律后果”部分的相关内容，分别规定了“没收犯罪的财产收益的根据”“没收犯罪的财产收益的扩张适用”“没收犯罪的财产收益的方法”“对被害人的保护”“定罪法律后果之产生”“定罪的法律后果的种类”“定罪的法律后果的开始及持续时间”“保安处分及定罪法律后果的结束”等内容。按照根据《波黑刑法典》第一百一十条之规定，通过犯罪所获得的各种财产收益、收入和利润，均应当按照法院之决

[1] “年轻的成年人”指不满二十三周岁的成年人。

定予以没收。

第十三章　复权、大赦、特赦及删除受刑记录

《波黑刑法典》第十三章第一百一十七条至第一百二十一条之一是该法典中关于“复权”“大赦”“特赦以及删除受刑记录”部分的相关内容，分别规定了“复权”“大赦”“特赦”“大赦或特赦对第三方的影响”“删除犯罪记录”“犯罪记录”等内容。复权、大赦、特赦以及删除受刑记录都是对已决犯的某种赦免及宽恕，有利于其摆脱定罪对其所产生的不利后果，尽快回归社会。

第十四章　法人犯罪的刑事责任

《波黑刑法典》第十四章第一百二十二条至第一百四十四条是该法典中关于“法人犯罪的刑事责任”部分的相关内容，分别规定了“法人的刑事责任”“本法典关于法人犯罪的属地管辖”“法人刑事责任的基础”“法人刑事责任的限制”“法人地位发生改变时的法人刑事责任”“法人犯罪未遂的刑事责任”“法人连续犯中的刑事责任”“法人共同犯罪”“法人犯罪的从宽或者免予处罚”“法人犯罪的刑罚”“法人犯罪的罚金”“没收财产”“法人解散”“法人犯罪的刑罚裁量”“法人犯罪缓刑的适用”“法人犯罪保安处分的适用”“公开判决”“禁止实施某种活动”“没收法人犯罪的收益”“法人定罪的法律后果”“法人犯罪的追诉时效及行刑时效”“法人犯罪的其他法律规定”“法人犯罪的具体刑罚规定”等内容。按照《波黑刑法典》之相关规定，法人犯罪的，可以对其适用罚金、没收财产及法人解散等刑罚。法人犯罪是《波黑刑法典》总则部分中篇幅和条文较多的一章。根据该法典第一百二十四条之规定：“为了法人自身利益，或者以法人的名义实施犯罪时，在符合

以下条件时，法人应当负刑事责任：（一）实施犯罪之目的，系来自于法人管理层或者监管层的决定、命令或者许可的；（二）法人管理层或者监管层对法人中的自然人犯罪者有影响力，或者促使其实施犯罪的；（三）法人处置非法手段所获得之财产，或者非法使用从犯罪活动中获得的物品的；（四）法人管理层或者监管层未能切实履行对其员工的监督管理义务的。”上述规定在某种程度上，可以视为《波黑刑法典》中法人犯罪的定义。

第十五章　针对公民个人自由和基本人权的犯罪

《波黑刑法典》第十五章第一百四十五条至第一百五十五条之一是该法典中关于“针对公民个人自由和基本人权的犯罪”部分的相关内容，分别规定了“侵犯公民个人平等权罪”“煽动民族、种族、宗教仇恨、不和谐或者敌意罪”“毁损或破坏宗教设施罪”“阻止难民遣返及安置罪”“非法拘禁罪”“非法窃听窃录罪”“侵犯公民申诉权及请愿权罪”“非法使用个人信息罪”“非法扣押他人身份证件罪”“侵犯选举权罪”“侵犯投票人自由决策罪”“选举欺诈罪”“侵犯投票秘密罪”“伪造选举结果罪”“破坏选举文件罪”“在任命过程中作出虚假陈述罪”。第十五章的主要罪名除了牵涉典型的侵犯个人行动自由、言论自由、宗教自由及平等等基本权利的犯罪之外，还有很多侵犯诸如选举权方面的民主权利及政治权利的犯罪。

第十六章　针对波斯尼亚和黑塞哥维那完整性的犯罪

《波黑刑法典》第十六章第一百五十六条至第一百七十条是该法典中关于“针对波斯尼亚和黑塞哥维那完整性的犯罪”部分的相关内容，分别规定了“侵犯宪法秩序罪”“危及领土完整罪”“阻止对敌作战罪”“在敌军中服役罪”“援助敌人罪”“损害军事及国防力量罪”“武装叛乱罪”“非法创建军事力量罪”“非法组建或者加入外国准军事或准警察机构罪”“间谍罪”“泄露秘密信息罪”“向波斯尼亚和黑塞哥维那派遣、转运武装团体、装备、弹药罪”“向波斯尼亚和黑塞哥维那境内输入危险物质罪”“刺杀波斯尼亚和黑塞哥维那最高国家机关官员罪”“绑架波斯尼亚和黑塞哥维那最高国家机关官员罪”“对最严重犯罪的刑罚”“为实施本章之罪而建立团伙或获得工具”。第十六章罪名主要牵涉诸如危及领土完整、武装叛乱、间谍等危害国家安全方面的犯罪。另外，刺杀、绑架波斯尼亚和黑塞哥维那最高国家机关官员的行为也被涵盖在该章罪名之内。

第十七章　针对人权和其他受国际法保护的基本权利的犯罪

《波黑刑法典》第十七章第一百七十一条至第二百零三条是该法典中关于“针对人权和其他受国际法保护的基本权利的犯罪”部分的相关内容，分别规定了“灭绝种族罪”“反人类罪”“针对平民的战争罪”“针对伤者和病者的战争罪”“针对战俘的战争罪”“组建团体煽动实施种族灭族及针对人类的战争罪”“非法杀害或者伤害敌军军人罪”“在战场上非法获取死伤者物品罪”“违反交战规则和惯例罪”“个人和领导者的刑事责任”“侵犯战争中休战旗旗手权益罪”“无正当理由阻止战俘遣返罪”“破坏文化及历史纪念物罪”“滥用国际标记罪”“建立奴役关系及走私奴隶罪”“跨国贩卖人口罪”“有组织实施跨国贩卖人口罪”“居间跨国卖淫罪”“偷渡罪”“有组织实施偷渡罪”“实施酷刑和其他残忍及不人道的待遇罪”“强迫失踪罪”“劫持人质罪”“侵害应受国际保护人员安全罪”“非法走私武器、军事装备及军用民用双重用途的制品罪”

“在战争中使用被禁止的武器及装备罪”“非法从事化学品贸易罪”“违反《执行〈关于禁止发展、生产、储存和使用化学武器及销毁此种武器的公约〉的法律》的相关管理制度活动罪”“非法获取及处置核材料罪”“危及核设施罪”“非法走私麻醉品罪”“海盗罪”“劫持航空器、船只或者占据海上固定平台罪”“危及国际空运、海运或海上固定平台安全罪”“毁损或者拆除航空安全信号设施罪”“滥用国际信号罪”“恐怖主义罪”“资助恐怖活动罪”“公然煽动恐怖活动罪”“招募恐怖分子罪”“训练恐怖分子罪”“组建恐怖集团罪”“拒不执行国际刑事法院判决、裁定罪”等罪名。这些罪名及其罪状，大多数来自“日内瓦四公约”及其各项附加议定书❶、《国际刑事法院罗马规约》及《防止及惩治灭绝种族罪公约》《战争罪及危害人类罪不适用法定时效公约》《禁止并惩治种族隔离罪行国际公约》等各项国际人道法规范的相关规定。就此而言，在“国际人道主义法国内化”方面，《波黑刑法典》确实做得非常到位。

第十八章　针对经济、市场完整性及关税的犯罪

《波黑刑法典》第十八章第二百零四条至第二百一十六条是该

❶ 1949年的“日内瓦四公约”，即《改善战地武装部队伤者病者境遇的日内瓦公约》（《日内瓦第一公约》）、《改善海上武装部队伤者病者及遇船难者境遇的日内瓦公约》（《日内瓦第二公约》）、《关于战俘待遇的日内瓦公约》（《日内瓦第三公约》）、《关于战时保护平民的日内瓦公约》（《日内瓦第四公约》）。“日内瓦四公约”于1949年8月12日由中国、苏联、美国、英国、法国等61个国家在日内瓦签订，并于1950年10月21日生效。“日内瓦四公约”的两个“议定书”于1977年获得通过，它们补充但并没有取代“日内瓦四公约”。这两个“议定书”分别是《日内瓦四公约关于保护国际性武装冲突受难者的附加议定书》（第一议定书）和《日内瓦四公约关于保护非国际性武装冲突受难者的附加议定书》（第二议定书）。

法典中关于“针对经济、市场完整性以及关税的犯罪”部分的相关内容，分别规定了“侵犯市场平等活动罪”“伪造货币罪”“伪造证券罪”“伪造有价票证罪”“伪造商品标识、度量和重量标识罪”“洗钱罪”“逃税罪”“非法从事消费税商品贸易罪”“非法储存应征税货物罪”“避税罪”“非法贸易罪”“非法生产罪”“走私罪”“组建从事走私活动或者配送未纳税货物的团体罪”“关税欺诈罪”等罪名。其中的非法贸易罪、非法生产罪和我国《刑法》中的非法经营罪有一定的相似之处。另外，《波黑刑法典》在逃税罪之外，又另外单独设置了避税罪，这样便能督促纳税人更好地履行纳税义务。

第十九章　贪贿罪、违背公职人员职责或者其他责任罪

《波黑刑法典》第十九章第二百一十七条至第二百二十九条是该法典中关于“贪贿罪、违背公职人员职责或者其他责任罪”部分的相关内容，分别规定了“收受礼金或者其他形式的利益罪”“提供礼金或者其他形式利益罪”“非法斡旋收受报酬或者其他形式的利益罪”“在非法斡旋中提供报酬或者其他形式的利益罪”“滥用职权罪”“职务侵占罪”“职务欺诈牟利罪”“未经授权使用托管财物罪”“玩忽职守罪”“伪造官方文件罪”“非法征收及缴纳罪”“非法释放在押人员罪”“非法侵占被搜查或被执行物品罪”等罪名。需要指出的是，《波黑刑法典》对贿赂犯罪的法定刑设置中充分考虑了“做坏事”及“做好事”等不同情节。例如，行为人在收受贿赂过程中，如果在其职权范围以内，实施其本不应该实施之公职行为的，或不实施其本应实施的公职行为的[1]，则处 1 年以上

[1] 亦即“收钱办坏事”。

10年以下监禁；但如果在其职权范围以内，实施其本应该实施之公职行为的，或不实施其本来就不应该实施之公职行为的[1]，则处6个月以上5年以下监禁。相较而言，这种区别式的立法规定，显然更符合罪责刑相适应原则的主旨。

第二十章 妨害司法管理罪

《波黑刑法典》第二十章第二百三十条至第二百四十一条之二是该法典中关于“妨害司法管理罪”部分的相关内容，分别规定了“拒不举报犯罪行为或犯罪人罪”“拒不举报被国际刑事法庭指控的犯罪人罪”“拒不告知万人冢罪”“向已实施犯罪之人提供事后帮助罪”“向被国际刑事法庭指控的犯罪人提供帮助罪”“虚假举报犯罪行为罪”“虚假陈述罪”“妨害作证罪”“侵犯诉讼秘密罪”“法官渎职罪”“拒不执行波斯尼亚和黑塞哥维那宪法法院、法院、人权委员会及欧洲人权法院判决罪”“披露受保护的证人身份信息罪”“妨碍司法罪”“妨害公务罪”“攻击执行安保、查处抓捕罪犯任务的公职人员罪”等罪名。其中，拒不告知万人冢罪是《波黑刑法典》中所特有的犯罪。

第二十一章 侵犯知识产权的犯罪

《波黑刑法典》第二十一章第二百四十二条至第二百四十六条是该法典中关于“侵犯知识产权的犯罪”部分的相关内容，分别规定了“侵犯著作权罪”“未经许可使用他人作品或者艺术表演罪”“侵犯影音制作者权利罪”“非法经营加密卫星信号的解密设备及系统罪”“非法分销卫星信号罪”等罪名。第二十一章虽然是《波

[1] 亦即“收钱办好事”。

黑刑法典》中条文最少的一章，但是却用了两个法条对“加密卫星信号”的知识产权进行重点保护，这在其他国家的刑法典中是罕见的。

第二十一章之一　针对波斯尼亚和黑塞哥维那武装部队的犯罪

《波黑刑法典》第二十一章之一第二百四十六条之一至第二百四十六条之二十五是该法典中关于“针对波斯尼亚和黑塞哥维那武装部队的犯罪”部分的相关内容，该章罪名类似于我国《刑法》中的危害国防利益罪，分别规定了“未能执行或拒绝执行命令罪”“拒绝接受或使用武器罪”“对抗上级罪”“违背警戒、保卫、巡逻或类似的军事职责罪”“对正在执勤的军事人员实施强制罪”“攻击正在执勤的军事人员罪”“虐待下属或低军衔军人罪”“呈交虚假报告或账目罪”“未能采取措施保护军事单位罪”“未能保障军事演习安全罪”“不规范或不谨慎管理受托管的武器罪”“非法处置受托管的武器或军事装备罪”“盗窃武器或军事装备罪”“擅自进入军事设施，以及未经授权对军事设施及战争装备进行测绘罪”“擅离军事单位或部门罪”“对在战争期间或者在国家进入紧急状态下或者在动员或征募武装力量的命令发布时犯罪的刑罚裁量”“加入敌军及投降罪”“在战斗中未能履行职责罪”“在战斗中擅离职守罪”“违抗命令放弃阵地罪”“过早放弃受损的船只或航空器罪”“将未受损战斗装备遗留给敌人罪”“涣散军心及破坏作战时机罪”“未能保障军事部门安全罪”“未能向军事机关通报重要事件罪”等罪名。除了上述罪名之外，在该章第二百四十六条之二十七中还设置了“执行上级命令而犯罪的刑事责任”。该条款规定：“下级军人执行上级依照其职责而发布的命令的，即便其行为完全符合犯罪构成要件，但其执行命令的行为也不构成犯罪。除非是其所执行之命令涉及灭绝种族罪、战争罪、反人类罪，或者其他依法可能被判处十年或者更严厉刑罚的犯罪的，或如果其明知执行该命令会构成犯罪的，则应对其适用刑罚。”这也是国际人道法中“上级责任不免责”之原则在《波黑刑法典》中的具体体现。

第二十二章　共谋、预备、结伙或者有组织犯罪

《波黑刑法典》第二十二章第二百四十七条至第二百五十条是该法典中关于“共谋、预备、结伙或者有组织犯罪”部分的相关内容，分别规定了“共谋实施犯罪行为罪”“预备实施犯罪行为罪”“为实施犯罪活动而结社罪”“有组织地实施犯罪活动罪”等罪名。细细翻看相关条文不难发现，上述规定也明显体现出预备行为正犯化，以及共犯行为正犯化的特征，既实现了刑罚的扩张，也符合积极的一般预防目的，因而也有利于对有组织犯罪的严惩及事先防控。

第二十三章　过渡及结束条款

《波黑刑法典》在附则中设置了过渡及结束条款。其中，第二百五十一条系刑事制裁措施的执行，该条要求波斯尼亚和黑塞哥维那的相关部门应当保证在该法典生效三个月起，执行刑事制裁措施的协议能够在波斯尼亚和黑塞哥维那境内各个实体辖区内被落实。第二百五十二条系法典的生效时间，该条规定该法典自二〇〇三年三月一日起生效。

本书是译者前南六国[1]刑法典翻译作品中的最后一部。本书的

---

[1] “前南六国”即指塞尔维亚、马其顿、黑山、波黑、斯洛文尼亚、克罗地亚六国。

出版也标志着译者对外国刑法典翻译的活动将告一段落。就译者多年的心得体会而言，法典翻译的劳动量及其难度比自由翻译要大得多，绝非一个简单的“对号入座”工作，而是一种复杂的、创造性的劳动。法典翻译不是对法典条文的“翻版”，而是涉及理解、对比、归纳、验证等步骤的复杂的加工过程。法典翻译需要非常精确的文字输出，而语言表达不规范、行文随意、语法不扎实、没有查证词语搭配的意识都会严重影响翻译的效果。纵然有如此难度，法典翻译似乎也并未得到学界的广泛认可与关注，甚至在职称评审中还很难被认定为有效的“科研成果”。就此而言，包括本书在内的前南六国刑法典的翻译似乎是一种“忙而无功”的事情。但即便如此，译者对此依然还是心有所想，甘之若饴。常年来，译者之所以对外国刑法典翻译情有独钟，其原因无非是在研习较为亲切而熟悉的中国刑法之外，留有闲情逸致去看看其他国家的刑法规范，或许就能发现和中国刑法有所不同的他样说法，以及彼种活法，从而开阔眼界，增长见识。

事实上，刑法学研究既要在本国现实语境对该问题进行探掘和思考，也需时刻注意该问题在域外的发展与走向，因为“发生了什么和为什么发生，秘密就藏匿在这个充满差异和竞争的多元体系中，如果兴趣囿于某一个国家，秘密是无法探究出来的”[1]。因此，研究者也应当时刻将目光向外顾盼，对国外法律制度及其理论给予适当的关注，从而在不同国度的比较之中，可以看到哪些东西缺席或者哪些路径未曾选择。正如米健教授所言：“考察法律，应着眼超越地域、国度和民族，甚至超越时空的人际层面，努力发现本来

[1] 麦克法兰，马丁．玻璃的世界［M］．管可秾，译．北京：商务印书馆，2003：210.

属于整个人类的理念和规范，并在此基础上寻求并促进人与人、民族与民族、国家与国家之间越来越普遍深入的交往。吾人之规可为他人所取，他人之法可为吾人所用，概其皆出乎人之本性。所以‘取法人际，天道归一’，当为人类社会法律进步之最高思想境界。”❶ 虽然法典翻译似乎是非主流的刑事学术科研活动，但仍然能够为国内刑法学理论研究提供有借鉴和参考价值的文献资料，因此具有其独特的积极意义。

需要说明的是，本书是译者翻译出版的前南六国刑法典的收尾之作，但其初稿完成却在三年之前，印象中隐约是 2018 年 5 月中下旬的某个午后。当时心情格外轻松，恰逢傍晚初夏细雨，夜色澄净而不失温润，正是难得的饮酒时气，我便邀请五六位友人聚会小酌。现在记忆虽已模糊，但依稀记得推杯换盏间近五瓶白酒被瓜分入肚，场面极为淋漓畅快。是夜返家后醉意朦胧，在陪小女朵朵抛掷玩耍时乐极生悲，失足摔断两处脚踝。此后便以卧床静养之理由，搁置本书后续的整理工作。后来又忙于博士后出站论文的书稿整理、2020 年度国家社科基金的立项申请，以及其他难以言说的琐碎事务，到 2021 年晚春才又恢复了中断三年之久的译稿校对及译者序的撰写。虽然对此也可找到客观理由予以搪塞，但终究还是应归责于译者教授职称通过后，曾经对科研活动的爱好和痴迷突然如皮球泄气般迅速低落，甚至对待日常生活的态度也日渐疏懒和拖沓起来。这样的日子尽管闲散，但也极为沉闷，甚至了无乐趣可言。三年后旧稿重拾，以及眼下译者序的写作，应当是我反思检讨后重新回归科研创作的开始。其标志着前南六国刑法典的翻译出版

❶ 米健．当代德国法学名著总序［M］//恩吉施．法律思维导论．郑永流，译．北京：法律出版社，2004：1.

的最终完成，也能够了却译者长期牵挂的一宗心事，因而也不失为货真价实的“小确幸”。此后译者也能够腾出手来，投入心力去完成自己所主持的“2020年度国家社科基金项目——《大数据技术侦查适用中隐私权保障问题研究》”的创作，而筹谋规划多年的“财产犯罪系列”论文及书稿写作也可以适时启动了。这些任务看似简单，对我而言却是压力重重，其间也难免会有困难和挑战。即便如此，饭一口一口地吃，路一步一步地走，只要有时间就看一点、想一点、写一点，想必也能“日拱一卒，功不唐捐”。如此一来，就可以渐渐亲身体会到那种期待已久的微小而真确的幸福与满足。

王立志

于郑州大学法学院401教授工作室

2021年10月28日

目　录

总　则

第一章　释义

第二章　基本规定

第三章　波斯尼亚和黑塞哥维那刑法规范的适用

第四章　关于时效的规定

第五章　犯罪

第六章　刑事责任

第七章　刑罚

第八章　缓刑

第九章　保安处分

第十章　和训诫措施、矫正措施及青少年刑罚有关的规则

第十一章 执行刑事制裁措施之基本规定

第十二章 没收犯罪的财产收益及定罪的法律后果

第十三章 复权、大赦、特赦及删除受刑记录

第十四章　法人犯罪的刑事责任

分　则

第十五章　针对公民个人自由和基本人权的犯罪

第十六章　针对波斯尼亚和黑塞哥维那完整性的犯罪

第十七章 针对人权和其他受国际法保护的基本权利的犯罪

第十八章　针对经济、市场完整性及关税的犯罪

第十九章　贪贿罪、违背公职人员职责或者其他责任罪

第二十章　妨害司法管理罪

第二十一章　侵犯知识产权的犯罪

第二十一章之一　针对波斯尼亚和黑塞哥维那武装部队的犯罪

第二十二章　共谋、预备、结伙或者有组织犯罪

附　则

第二十三章　过渡及结束条款

波斯尼亚和黑塞哥维那刑法典

1. 波斯尼亚和黑塞哥维那 2003 年第 3 号政府公告，2003 年 3 月 1 日实施

2. 波斯尼亚和黑塞哥维那 2003 年第 32 号政府公告修正

3. 波斯尼亚和黑塞哥维那 2003 年第 37 号政府公告修正

4. 波斯尼亚和黑塞哥维那 2004 年第 54 号政府公告修正

5. 波斯尼亚和黑塞哥维那 2004 年第 61 号政府公告修正

6. 波斯尼亚和黑塞哥维那 2005 年第 30 号政府公告修正

7. 波斯尼亚和黑塞哥维那 2006 年第 53 号政府公告修正

8. 波斯尼亚和黑塞哥维那 2006 年第 55 号政府公告修正

9. 波斯尼亚和黑塞哥维那 2007 年第 32 号政府公告修正

10. 波斯尼亚和黑塞哥维那 2010 年第 8 号政府公告修正

11. 波斯尼亚和黑塞哥维那 2014 年第 47 号政府公告修正

12. 波斯尼亚和黑塞哥维那 2015 年第 22 号政府公告修正

13. 波斯尼亚和黑塞哥维那 2015 年第 40 号政府公告修正

总　则

第一章 释 义

第一条 本法所使用术语的含义

波斯尼亚和黑塞哥维那的刑事立法，是指本法及波斯尼亚和黑塞哥维那其他法律中的刑事法律规范。

波斯尼亚和黑塞哥维那领域，是指波斯尼亚和黑塞哥维那的领陆、领海、内水，以及上述区域的领空。

公职人员，是指被选举或任命到波斯尼亚和黑塞哥维那境内的代议机关、行政机关、司法机关从事公务的工作人员；其他从事管理、服务的机关组织中，依照设置上述机关组织的部门的授权而行使特殊行政事务、专家咨询或者其他职责的工作人员；在上述机关或组织中定期或偶尔行使官方职权的工作人员；在商业组织或者其他法人组织中依法接受委托在被授权范围之内行使公共权力的工作人员，以及无论有无酬劳而根据法律或基于法律所颁布的其他规章行使某种公务职责的工作人员。

当公职人员被规定为某些特定犯罪的犯罪主体时，本条第三款中所列举的所有人员均可成为这些特定犯罪的犯罪主体。除非从某种犯罪的法律特征上来看，或者从其特殊的罪状表述来看，只有某些特殊人员才可以成为该罪的犯罪主体。

责任人员，是指在商业组织或者其他法人组织中，依照或者基于法律的特殊授权而接受委托实施某些法律的工作人员；依据法律所颁布的规章或者商业组织、其他法人组织的相关法律协议，从事财产管理、使用及处置业务的工作人员，以及对生产或其他经济活动进行管理的工作人员。当本条第三款中所列举的公职人员涉嫌责任人员身份的犯罪时，若该种犯罪在本法典违背公务职责犯罪的相关章节中并未予以规定，也未被本法典其他章节及波斯尼亚和黑塞哥维那的其他法律规定为违背公务职责犯罪时，该公职人员也可以被视为责任人员。

当责任人员被规定为某些特定犯罪的犯罪主体时，本条第五款中所列举的所有人员均可成为这些犯罪的犯罪主体。除非从某种犯罪的法律特征上来看，或者从其特殊的罪状表述来看，只有某些特殊人员才可以成为该罪的犯罪主体。

外国公职人员，是指在波斯尼亚和黑塞哥维那境内，无论有无酬劳而工作的外国政府的立法、行政管理及司法工作人员，国际组织中或其内部实体中从事公务的工作人员，以及国际法院的法官或者其内部从事公务的工作人员。

国际组织中的公职人员，仅指国际组织或其实体中受雇的民事人员。

陪审员，是指在集体审判组织中，有权决定在某一审判活动中的被告人法律责任的工作人员。

仲裁员，是指基于某一仲裁协议，受邀对仲裁事项作出对当事双方有法律约束力的裁决的工作人员。

军事人员，按照本法中的含义是指波斯尼亚和黑塞哥维那职业军事武装中的成员，以及根据《波斯尼亚和黑塞哥维那武装力量服役法》在波斯尼亚和黑塞哥维那武装力量中服役的预备役人员。

当公职人员成为被犯罪侵害的对象时，按照本法中的含义，公职人员应当包括本条第三款中的公职人员及本条第十一款中的军事人员。

本法中所称的“儿童”，是指年龄不满十四周岁的人。

本法中所称的“青少年”，是指年龄年满十四周岁不满十八周岁的人。

本法中所称的“法人”，是指波斯尼亚和黑塞哥维那[1]、波斯尼亚和黑塞哥维那联邦[2]、波斯尼亚和黑塞哥维那塞族共和国[3]、波斯尼亚和黑塞哥维那布尔奇科特区[4]，各州、市、自治市、地方社区，任何组织化的商业组织、各种形式的合作企业、协会、信贷或者其他银行机构，从事财产保险及人身保险业务的保险公司，金融组织、基金组织、政治机构和公民团体，或者其他形式的能够如同法人那样以相同方式合法地成立并获取资金的组织。

---

[1] 亦即“联合波黑”，其首都为萨拉热窝。

[2] 亦即“穆克联邦”，穆克联邦的首府也在萨拉热窝。

[3] 波斯尼亚和黑塞哥维那塞族共和国法定首府虽也为萨拉热窝，但实际首府为巴尼亚卢卡。

[4] 布尔奇科特区位于波斯尼亚和黑塞哥维那东北部，其领域呈不规则的三角形分布，系波斯尼亚和黑塞哥维那重要的商业中心及食品加工业中心，并且有储量丰厚的褐煤。布尔奇科特区地理位置优越，在萨瓦河右岸，交通极为便利，不仅有优良的河港，也是重要的铁路枢纽，同时还极具战略意义。就波黑塞族而言，该三角地带不仅是连接波斯尼亚和黑塞哥维那黑塞族共和国东西两块行政区的唯一陆路通道，同时也是波斯尼亚和黑塞哥维那塞族共和国与克罗地亚共和国克拉伊纳塞控区及塞尔维亚共和国保持联系的重要枢纽。但对穆克联邦来说，控制了布尔奇科特区则能够将波斯尼亚和黑塞哥维那塞族共和国一分为二，还能够借此打通穆克联邦与克罗地亚共和国之间的通道，获得萨瓦河出河口，以及联系其仅存的飞地波萨维纳。正基于此，波黑战争期间，塞族武装与穆克联军为了争夺布尔奇科这一战略要地展开激战，因此《代顿和平协议》规定它由国际社会管理，不归属任何一方。战争结束后，2000 年 3 月 8 日，布尔奇科成为拥有自治权的特区，并成立了当地“三族共治”的民选当局。

本法中所称的“商业组织”，是指企业、公司、商行、合伙体，以及以其他形式注册登记的从事经济活动的组织。

本法中所称的“团伙”，是指三人或者三人以上的联合体。

本法中所称的“数人”，是指至少二人。

本法中所称的“集体”，是指至少五人。

本法中所称的“团体”，是指三人以上，为了经常或者偶然一起实施犯罪而联系起来的团体，团体中的每个人均以各种方式参与实施犯罪活动。

本法中所称的“有组织集团”，是指为了直接实施某一犯罪而构建起来的群体。该群体不必有稳定的人数，成员的角色地位不固定，其成员关系不必一成不变，也不必有较为成熟的组织框架。

本法中所称的“有组织犯罪集团”，是指三人或三人以上在特定时期内为了实现共同的目标，直接或间接获取金钱或其他物质利益，意图实施一个或更多的可能被判处三年监禁或者更为严厉刑罚的犯罪行为而组建的犯罪集团。

本法中所称的“恐怖集团”，是指三人以上意图在特定时期实施恐怖活动犯罪的犯罪集团。

本法中所称的“秘密信息”，是指牵涉波斯尼亚和黑塞哥维那境内的公共安全、国防、外交事件或外交利益的，涉及波斯尼亚和黑塞哥维那的情报组织及安全组织的活动方面的，牵涉通信或其他国家重要事务、司法、国防或情报安全方面的重要项目及计划的，涉及对波斯尼亚和黑塞哥维那的国家安全有重大影响的科学研究、技术开发、经济、财政事务方面的，并且被法律、其他法律规范或者主管机关根据法律所颁布的细则确定为机密级别的信息。秘密信息也指其他国家、地区或者国际组织中的机密级别的信息。

本法中所称的“文件”，是指任何适合作为或者被规定作为证据事实而能够证明某种法律关系存在的物品。

犯罪的“财产收益”，是指任何以直接或者间接方式，通过犯罪活动而获得的经济利益，可以具体表现为任何财产形式。

财产，包括任何形式的所有权、物质或者非物质的财产利益、动产或者不动产，以及用于证明财产权利或者与财产权利有关的收益的法律票据或证券。

货币，包括以硬币及纸币形式存在的，波斯尼亚和黑塞哥维那或者外国政府的法定货币。

有价证券，包括外国的有价证券。

可移动物，包含任何可以被生产或收集从而提供光、热、运动及电话脉冲的能量。

交通工具，包括各种船只、机动车、飞行器，以及其他各种在陆地、水域及空中运动的工具，无论其以何种方式为推动力。

暴力，也指使用催眠及致人昏迷的手段使他人违背自己意愿而进入无意识状态，或者使其不能反抗。

麻醉品，是指具有成瘾性或者精神致幻性的药物或者毒害性物质，被波斯尼亚和黑塞哥维那批准的国际公约所严格管控的其他很容易转变为上述麻醉品的物质，以及其他被波斯尼亚和黑塞哥维那的主管机关及波斯尼亚和黑塞哥维那的两个组成实体的主管机关确定为麻醉品的物质。[1]

武器或者军事装备，是指由《武器或者军事装备制造、进口、出口法》所确定的各种物品、项目或器材。

放射性物质，是指核材料，以及其他能够自发性分解核素的物质，在该分解过程中，会释放出埃尔法辐射、贝塔辐射、中子颗

[1] 上述两个实体亦即穆克联邦及塞族共和国。——译者注

粒、伽马射线等放射物的一种或数种。放射性物质能够因其放射性或者裂变而导致人员死亡、严重伤害，或者广泛的财产及环境毁灭。

核材料是指钚，但同位素钚238含量超过80%者除外；铀233；同位素235或233浓缩的铀；含有天然存在但非矿砂或矿渣形式的同位素混合物的铀；任何含有上述一种或多种成分的材料。"同位素235或233浓缩的铀"是指含有铀同位素235或233，或者两者总含量对同位素238的丰度比大于天然存在的同位素235对同位素238的丰度比的铀。[1]

核装置，是指任何一个核爆炸装置，或者任何能够散发出放射性物质或者产生辐射并因其核放射性而容易导致人员死亡、严重伤害，或者容易导致巨大财产损失、严重环境灾害的装置。

核设施，是指任何一个核反应堆，以及安装在船只、机动车、飞行器或者太空站中的核反应堆；还包括基于其他目的可以用于生产、储存、处置或者运输放射性材料的工厂或者设施。

固定平台，是指人工岛屿、固定在某一海域中的仪器或者设施，其目的系用于科学研究、自然资源开发或其他商业用途。

爆炸性装置是指：

（一）爆炸性或者易燃性武器或者装置，其在被装配后能够造成人员死亡、伤害或者大范围财产损失；

（二）其他武器或者装置，其可以释放、散发有毒性化学物质、生物制剂，或者其他有毒有害物质、射线或放射性物质，并因此能

---

[1] 1987年2月8日生效的《核材料实物保护公约》对"核材料"，进行了更为严格、专业的定义。《波黑刑法典》对"核材料"的规定同《核材料实物保护公约》第1条的内容高度相似。——译者注

够造成人员死亡、伤害或者大范围财产损失。

大屠杀，是指灭绝种族罪，或者由纳粹德国政府在“二战”期间所犯下的反人类犯罪。这些犯罪在1945年8月8日依照《伦敦协定》所设置的国际军事法庭的最终审判中被正式确认为犯罪行为。❶

万人冢，是指那些没有被标记的，掩埋了二人或者二人以上尸体或者人体遗骸的坑洞，或者那些重新掩埋了因实施本法典第一百七十一条至第一百八十条之犯罪的遇害者尸体或遗骸的坑洞。

“性别”这一术语，是指男性或女性，应被理解为自然人中的两性性别。

❶ 1945年8月8日，苏联、美国、英国、法国四国签署了《关于控诉和惩处欧洲轴心国主要战犯的协定》（也称《伦敦协定》）。《伦敦协定》规定，凡是应对暴行和罪行负责或同意施行暴行和罪行的德国军官、人员、纳粹党员，都将被押解回他们犯下罪行的国家受到法律的审判和惩处。后来根据这一原则，纽伦堡国际军事法庭和远东国际军事法庭曾分别对纳粹德国和日本的主要战犯进行了审判。此后《欧洲国际军事法庭宪章》进一步规定，由上述四国各指派一名法官和一名预备法官组成国际军事法庭，对无法确定其具体犯罪地点的纳粹德国首要战犯进行统一审判。——译者注

第二章 基本规定

第二条　实施刑事法的基本原则及其限制

只有当威胁或侵犯个人自由、基本人权及被波斯尼亚和黑塞哥维那宪法和国际法规范所认可并予以保护的其他权利和社会价值的行为存在时，并且只有借助刑事法律处罚措施方可切实保护上述权利或价值时，才能规定犯罪和相关刑事制裁措施。

在确定犯罪类型、刑事制裁措施的种类及其范围时，应当充分考虑适用刑法的必要性及适用刑法时在何种程度和何种内容上，对个人自由、人权和其他社会价值所造成的危险。[1]

第三条　罪刑法定原则

刑事犯罪、刑事处分和强制措施只能由法律规定。

如果在实施行为时，法律或国际法规范并未规定该行为为犯

---

[1] 该条文体现了刑法谦抑原则。另外，在《波黑刑法典》中，除了附则之外，每项法条都分配有具体名称。具体而言，在总则中，立法者将某一法条的含义用简单词语加以概括总结；而在分则中，一般情况下，每一条文都对应于具体的罪名，基本上实现了一条一罪的较为适宜的立法设想。此种立法技术之优势是显而易见的，适法者及一般民众在总体上可以对刑法典的篇章布局及具体条文指向有直观而通透之把握，其不必翻看全文，即可找寻到所意图了解之法条，因此对于法条之适用及理解而言是极其便利的。——译者注

罪，也并未对其规定相应的刑罚，则不能对行为人施以刑事处罚或者加以刑事制裁。

第三条之一　责任原则

任何人如果没有责任就不能被处罚或施以其他刑事制裁措施。

第四条　刑法适用时间的限制

对犯罪者应当适用犯罪时正在生效的法律。

如果法律在犯罪行为实施之后发生过一次或数次变更，则应当对犯罪人适用较为宽缓的刑法规范。

第四条之一　对实施过国际法规范所规定的犯罪的犯罪人的审判和刑罚

就以作为形式或不作为形式实施过国际法规范所规定的犯罪的犯罪人而言，对其审判和刑罚不受本法第三条和第四条的影响。

第五条　刑事制裁的种类

刑事制裁的种类包括：刑罚、缓刑、保安处分及矫正措施。

第六条　刑事制裁的目的

刑事制裁的目的是：

（一）刑事制裁措施制定、宣告及执行的根本目的是确保所有公民遵纪守法、没有人实施犯罪、犯罪人将来不再以同样方式重新犯罪，以及鼓励其改恶从善。

（二）对被害人进行保护并使其获得应有的赔偿。

第七条　刑事制裁措施执行的限制

在实施刑事制裁措施时，犯罪人的自由及其他权利所受到的剥夺或限制应当和该种刑事制裁措施的类型及法律设置该刑事制裁措施之目的相一致，并且应当依照法律及国际法规范，充分尊重犯罪人的个性和人格尊严。

第三章 波斯尼亚和黑塞哥维那刑法规范的适用

第八条 在波斯尼亚和黑塞哥维那境内犯罪行为的刑法规范适用

任何人在波斯尼亚和黑塞哥维那境内犯罪，都应当适用波斯尼亚和黑塞哥维那刑法规范。

任何人在波斯尼亚和黑塞哥维那船舶内犯罪的，无论犯罪发生时该船舶位置何在，均适用波斯尼亚和黑塞哥维那刑法规范。

任何人在波斯尼亚和黑塞哥维那正在飞行中的民用或军用航空器内犯罪的，无论犯罪发生时该航空器位置何在，均适用波斯尼亚和黑塞哥维那刑法规范。

第九条 在波斯尼亚和黑塞哥维那境外发生的犯罪的刑法规范适用

任何人在波斯尼亚和黑塞哥维那境外实施下列犯罪的，应适用波斯尼亚和黑塞哥维那刑法规范：

（一）针对波斯尼亚和黑塞哥维那领土完整而犯本法典第十六章（针对波斯尼亚和黑塞哥维那完整性的犯罪）[1] 所规定之罪的；

---

[1] 该处的括号及括号中的表述，是按照法典的原文模样翻译的。下文中仍有大量类似情况，对此不再一一赘述。——译者注

（二）根据本法典第二百零五条至第二百零八条的规定，伪造波斯尼亚和黑塞哥维那货币或证券的犯罪，以及伪造有价票证或者商标标识、度量及重量标识的犯罪；

（三）国际法规范、国际公约及跨国性政府协议中所规定的应当予以惩罚的犯罪；

（四）妨碍波斯尼亚和黑塞哥维那政府公职人员及责任人员履行其职责的犯罪。

波斯尼亚和黑塞哥维那公民在波斯尼亚和黑塞哥维那境外实施犯罪行为的，适用波斯尼亚和黑塞哥维那刑法规范。

非波斯尼亚和黑塞哥维那公民在波斯尼亚和黑塞哥维那境外针对波斯尼亚和黑塞哥维那或其公民犯本条第一款所规定之外的犯罪的，适用波斯尼亚和黑塞哥维那刑法规范。

非波斯尼亚和黑塞哥维那公民在波斯尼亚和黑塞哥维那境外针对外国国家或非波斯尼亚和黑塞哥维那公民，犯在犯罪地可能被判处五年监禁或者更严厉刑罚之罪的，适用波斯尼亚和黑塞哥维那刑法规范。

就本条第二款及第三款的情况而言，只有在犯罪人在波斯尼亚和黑塞哥维那境内被发现，或者被引渡到波斯尼亚和黑塞哥维那的情况下，才能适用波斯尼亚和黑塞哥维那刑法规范；就本条第四款的情况而言，只有在犯罪人在波斯尼亚和黑塞哥维那境内被发现，并且没有被引渡到其他国家的情况下，才能适用波斯尼亚和黑塞哥维那刑法规范。

第十条　波斯尼亚和黑塞哥维那刑法规范对青少年的适用

波斯尼亚和黑寨哥维那刑法规范应根据本法典第十章（和训诫措施、矫正措施及青少年刑罚有关的规则）和波斯尼亚和黑塞哥维那的其他法律适用于青少年。

第十一条 波斯尼亚和黑塞哥维那刑法规范对法人的适用

波斯尼亚和黑塞哥维那刑法规范应根据本法典第十四章（有关法人犯罪的刑事责任）和波斯尼亚和黑塞哥维那的其他法律适用于法人。

第十二条 排除波斯尼亚和黑塞哥维那刑法规范对儿童的适用

波斯尼亚和黑塞哥维那刑法规范不适用于儿童。

第十三条 本法典总则的适用

本法典中总则部分的法条规范能够适用于波斯尼亚和黑塞哥维那法律所规定的所有犯罪行为。

本法典中总则部分的法条规范能够适用于青少年，除非法律有其他规定。

本法典中总则部分的法条规范能够适用于法人，除非本法典中有其他规定。

第四章
关于时效的规定

第十四条　追诉时效的法定期限

除非本法典有其他规定，犯罪经过下列期限不再追诉：

（一）依法可能被宣告长期监禁的犯罪[1]，犯罪后满三十五年的；

（二）依法可能被宣告十年以上监禁的犯罪，犯罪后满二十年的；

（三）依法可能被宣告五年以上监禁的犯罪，犯罪后满十五年的；

（四）依法可能被宣告三年以上监禁的犯罪，犯罪后满十年的；

（五）依法可能被宣告一年以上监禁的犯罪，犯罪后满五年的；

（六）依法可能被宣告不满一年监禁或处以罚金的犯罪，犯罪后满三年的。

如果一个犯罪同时被宣告数种刑罚，应当根据最严厉的刑罚而决定其追诉时效。

---

[1] 本法典第四十二条之二第一款规定："对于某些最严重的故意犯罪而言，可以对其设置长期监禁刑。长期监禁的刑期为二十一年以上四十五年以下。"——译者注

第十五条　追诉时效的法定期限的开始及中断

追诉时效的期限自犯罪之日起计算。对于持续犯的追诉时效的期限，从犯罪行为的非法状态结束之日起计算。

依法不能对犯罪人启动追诉或无法继续追诉的，追诉时效暂时停止。

意图起诉犯罪人先前所犯之罪而对其所采取的任何一个诉讼行为，都会导致追诉时效中断。

在追诉时效期间之内，犯与前罪同样严重或更严重的新罪的，追诉时效中断。

每一次中断，追诉时效都应重新计算。

如果犯罪之后所经过时间超过法定追诉时效的两倍，则无论在任何情况下，均不得对犯罪人进行追诉。

第十六条　行刑时效的法定期限

除非本法典有其他规定，法院所判处之刑罚从生效判决宣告之日起，经过下列期限不再执行：

（一）被判长期监禁者，从判决生效之日起满三十五年的；

（二）被判十年以上监禁者，从判决生效之日起满二十年的；

（三）被判五年以上监禁者，从判决生效之日起满十五年的；

（四）被判三年以上监禁者，从判决生效之日起满十年的；

（五）被判一年以上监禁者，从判决生效之日起满五年的；

（六）被判不满一年监禁或罚金者，从判决生效之日起满三年的。

第十七条　附加刑及保安处分执行时效的法定期限

当罚金作为附加刑适用时，法院所判处之罚金刑，从判决生效之日起，经过二年期限不再执行。

法院所判处的强制医疗的保安处分措施和没收财产的保安处分措施，从判决生效之日起，经过五年期限不再执行。

当法院所判处的职业禁止、禁止从事某种活动或禁止担任某种职务的保安处分措施的期限已经届满的，该保安处分不得被执行。

第十八条　行刑时效及保安处分执行时效的法定期限的开始及中断

行刑时效及保安处分执行时效的期限自判决生效之日起计算。就缓刑被撤销的情况而言，应当从法院作出撤销缓刑的裁决生效之日起计算。

当刑罚无法执行时，行刑时效暂时停止。

在行刑时效期间以内，执行机关意图执行刑罚而采取的每次行动都会导致时效中断。

每一次中断，行刑时效都应重新计算。

如果判决生效后所经过时间超过法定行刑时效的两倍时，无论在任何情况下，该刑罚均不得被执行。

本条第二款至第五款中的规定，同样适用于保安处分措施。

第十九条　不适用时效的情况

犯有灭绝种族罪、反人类罪、战争罪，以及国际法规范所规定的其他犯罪的，不受本法典中的追诉时效及行刑时效的限制。

第五章
犯　罪

第二十条　犯罪行为

犯罪行为是一种由法律所明确规定的非法行为，犯罪行为的罪状及其所应受到的刑罚均应当由法律所确定。

第二十一条　犯罪实施方式

犯罪可以由作为或不作为方式实施。

仅当行为人存在避免危害结果发生的法定义务，但却没有履行该义务，并因此产生了和作为方式具有相同意义之危害后果时，才能构成不作为犯罪。

第二十二条　犯罪时间

犯罪时间系犯罪人实施作为或不作为行为之时间，而与危害后果何时发生无关。

第二十三条　犯罪地点

犯罪地点系犯罪人实施或者意图实施作为或不作为行为之地点，以及犯罪结果（该危害结果是某种犯罪的必备构成要件）完全或部分发生之地点。

就可罚的未遂犯罪而言，其犯罪地点除了犯罪行为实施地或意图实施地之外，还包括犯罪之危害结果所意图发生之地点。

共谋行为实施地点，除了本条第一款所规定的地点之外，还应当包括所共同谋议实施之行为实际实施地点、进行共同谋议之决策地点，以及共同谋议的危害结果所意图发生之地点。

第二十三条之一　显著轻微的行为

某种行为虽然具备了法定构成要素，但从其性质和严重性或其实施方式来看，或者没有社会意义，或者不存在危害后果，且行为人的罪责程度较低，则该行为属于显著轻微的行为，不是刑事犯罪。

第二十四条　正当防卫

正当防卫行为不是犯罪。

如果行为实施之目的是使行为人或其他人避免正在发生的或者直接而迫在眉睫的不法侵害，并且其行为的程度适当，则该种行为属于正当防卫。

行为人之防卫行为超出正当防卫所需之限度时，应从宽处罚；但如果行为人之行为超出正当防卫限度，是因为行为人对不法侵害所产生之强烈愤怒或恐惧所导致的，则可对行为人免予刑事处罚。

第二十五条　紧急避险

紧急避险行为不是犯罪。

如果行为实施之目的是使行为人或其他人躲避正在发生的或者直接而迫在眉睫的危险，而用其他方法不能避免危害后果之发生，且该行为所造成的危害不大于该种危险所可能造成之危害的，则该种行为属于紧急避险。

如果实施避险者先前系因疏忽大意而自招危险，或者其超过了紧急避险的限度，法院可以对其减轻处罚；如果是基于特别紧急的情节而超过了紧急避险的限度，法院可以对其免予处罚。

依法负有处置危险事态之责任的相关人员不适用紧急避险。

第二十五条之一 强制及胁迫

行为人受到完全不能抗拒的强制时所实施的行为不是犯罪。

如果行为人受到可以抗拒的强制或者威胁时实施了犯罪行为，可以对其从宽予以处罚。

本条第一款中，实施不能抗拒的强制力者应当被考虑为犯罪人。

第二十六条 犯罪未遂

行为人故意实施某种犯罪，但却未能将该犯罪实施完毕的，属于犯罪未遂。如果行为人所犯之罪依照法律可能会被处以三年监禁或者更为严厉的刑罚，则对其犯罪未遂行为应当给予刑罚处罚；对于其他犯罪之未遂，仅在法律有明确规定之情况下才能予以处罚。

对于犯罪未遂，可以比照犯罪既遂而予以减轻处罚。

第二十七条 不能犯未遂

如果行为人在犯罪时，使用了根本不可能达到既遂的犯罪方法，或者因为犯罪对象之原因而致使犯罪不可能达到既遂的，法院可以对行为人免予处罚或减轻处罚。

第二十八条　犯罪中止

行为人出于自愿而放弃实施犯罪的，属于犯罪中止，可以免予处罚。

当行为人出于自愿而放弃实施犯罪时，如果其行为已经构成其他独立的犯罪，则仍然应当按照已经构成的独立之罪予以处罚。

第二十九条　共同正犯

共同正犯是指数人以直接参与实施犯罪行为的方式，或者以其他对犯罪行为之实施提供实质性贡献的方式而共同实施犯罪。共同正犯应当按照犯罪所规定的法定刑予以处罚。[1]

第三十条　教唆犯

行为人故意教唆他人实施犯罪的，应当按照其所教唆的犯罪予以处罚。

行为人故意教唆他人实施依照法律可能会被处以三年监禁或者更为严厉的刑罚的犯罪，如果他人没有实施被教唆之罪的，应当按照该罪的犯罪未遂予以处罚。

教唆实施犯罪行为包括以下方式：请求、说服、促成、为实施犯罪提供某种利益、给予或者许诺给予某种礼金、滥用上下级从属状态或某种依赖关系、使人处于确信状态或者使人处于事实认识错误或法律认识错误状态、欺骗。

---

[1] 如此说来，《波黑刑法典》中的正犯成立的范围不仅包括实行犯，而更类似于大陆刑法中正犯和共犯区分理论中的实质客观说，更加注重行为人在共同犯罪中实际发挥作用的大小。——译者注

第三十一条 帮助犯

行为人故意帮助他人实施犯罪的，视同本人犯罪，但可以减轻处罚。

下列行为应被特别认定为帮助犯：对于如何犯罪提供建议或者给予指示；给犯罪人提供犯罪所需之工具；排除犯罪实施之障碍；以及事前许诺掩盖犯罪行为、包庇罪犯、隐藏犯罪工具、消除犯罪痕迹、窝藏犯罪所得等。

第三十二条 共犯刑事责任及处罚

共同正犯在其犯罪故意或者犯罪过失之范围内承担相应之刑事责任，而教唆犯、帮助犯则在其犯罪故意范围内承担相应之刑事责任。[1]

共同正犯、教唆犯、帮助犯如果能够主动阻止该犯罪行为实施的，应当免予处罚。

法律所规定的能够影响不追究刑事责任的某些个人关系、性格、犯罪情节，以及那些能够影响免予处罚、从宽处罚等刑罚裁量的因素，仅在共同犯罪人具有上述刑罚裁量因素时方能予以考虑。

---

[1] 从该法条的文字表述来看，《波黑刑法典》一定程度上承认过失共犯。——译者注

第六章 刑事责任

第三十三条　刑事责任基本要素

行为人只有在其心智正常的情况下，并且基于故意心态而实施犯罪时，其才应当负刑事责任。

行为人基于过失心态实施犯罪时，只有法律有规定的情况下，其才应当负刑事责任。

第三十四条　心智能力

行为人在实施犯罪行为时，由于患有持续的或暂时的精神疾病、暂时精神紊乱、智力发育不全而对其行为之意义完全不了解或完全不能控制其行为的，则行为人属于心智丧失者，不应追究其刑事责任。

如果行为人在实施犯罪行为时，由于存在本条第一款的情况，导致行为人理解其行为意义的能力或者其控制其行为的能力明显减弱的，则行为人属于心智明显减弱者，对其可以从宽处罚。

行为人如果因服用酒精、麻醉品或以其他方式导致自己不能理解其行为的意义或不能控制其行为，并因此实施了危害行为的，不属于心智丧失者。如果其在招致自己丧失理解或控制能力时存有故意的，或者对其所犯罪行为存在过失而法律规定了该过失行为的刑事责任的，则其应负刑事责任。[1]

如果行为人在实施犯罪行为时，由于存在本条第三款的情况导致行为人心智明显减弱，则不能对其从宽处罚。

第三十五条 故意

直接故意或间接故意均可构成刑事犯罪。

行为人意识到自己行为的性质而有意实施的，是直接故意。

行为人已经意识到由于其作为或者不作为的行为会导致危害结果而予以放任危害结果发生的，是间接故意。

第三十六条 过失

过于自信的过失或疏忽大意的过失均可构成刑事犯罪。

行为人已经意识到由于其作为或者不作为的行为会导致危害结果，但却轻信该危害结果不会发生或者轻信其能够阻止该危害结果发生的，是过于自信的过失。

行为人未能意识到危害结果可能发生，但是依据当时的环境和行为人的个人情况，其本来应当认识到并且也能够认识到危害结果发生可能性的，是疏忽大意的过失。

第三十七条 事实认识错误

如果行为人实施犯罪行为时，存在着不可避免的事实认识错误

---

[1] 上述规定是刑法原因自由行为理论在《波黑刑法典》中的具体体现。对醉酒人犯罪的刑事责任问题，我国《刑法》第十八条第四款规定："醉酒的人犯罪，应当负刑事责任。"但相较而言，我国《刑法》之条文规定还过于简单笼统，未能将原因自由行为的整个过程展现出来。——译者注

的，则不应承担刑事责任。

如果行为人实施犯罪行为时，没有意识到法律所规定的犯罪构成要素的，或者错误地认为存在某种允许实施该行为的特殊情况而事实上该种情况并不存在的，则属于不可避免的事实认识错误。

如果行为人由于过失而对其犯罪行为的性质产生错误认识，并且法律规定了该过失行为的法律责任的，则行为人应当对其出于过失实施的犯罪行为承担刑事责任。

第三十八条　法律错误

如果行为人有正当理由不知道其行为已被法律明文禁止的，则对其可以免予处罚。

第七章 刑　罚

第三十九条　刑罚之目的

刑罚具有以下目的：

（一）表达社会对犯罪行为的谴责；

（二）防止犯罪人在将来重新犯罪，督促其改恶从善；

（三）威慑他人不敢犯罪；

（四）增强公民对犯罪行为危险性和惩罚犯罪正义性的认识。

第四十条　刑罚的种类

实施犯罪行为并且最终被确定为有罪者，可能被判处以下刑罚：

（一）监禁刑；

（二）长期监禁刑；

（三）罚金刑。

第四十一条　主刑和附加刑

监禁刑只能作为主刑而宣告。

罚金刑可以作为主刑宣告，也可以作为附加刑宣告。

如果某一罪名同时设置了两种刑罚，则只有一种刑罚能够被作为主刑而被适用。

就某种以牟利为目的犯罪而言，即便法律没有设置罚金刑，或者法律规定对犯罪人仅能适用罚金刑或监禁刑之一，而法院宣告监禁刑为主刑的情况下，法院也可以将罚金刑作为附加刑宣告。

第四十二条　监禁刑

监禁刑的刑期应当在三十天以上，二十年以下。

监禁刑的刑期应以整年整月为单位。如果监禁刑的刑期在六个月以内的，应以整天为单位。

本条所称的监禁刑，不能适用于青少年犯罪人。在满足本法典第十章（和训诫措施、矫正措施及青少年刑罚有关的规则）的情况下，可以适用青少年监禁措施。青少年监禁措施就其目的、本性及执行的期限和方式而言，属于一种剥夺自由的特殊刑罚。

第四十二条之一　监禁刑的替代措施

按照被判刑的犯罪人的申请，法院可用罚金刑替代一年以下的监禁刑。罚金应当在三十天之内一次性支付。

监禁刑可以按照日额罚金的形式被替代，或者如果罚金是以特定数额方式被确定的话，则每日监禁刑折算为一百波黑可兑换马克。[1]

如果在本条所规定的截止日期前尚未支付罚金的，法院可以作出执行监禁刑的决定。如果支付了部分罚金，则监禁刑可以按照没有支付的罚金的比例计算。

---

[1] “波黑可兑换马克”是波斯尼亚和黑塞哥维那的法定货币，按照2021年8月11日的汇率，1波黑可兑换马克可兑换3.883 802元人民币。——译者注

第四十二条之二 长期监禁刑

对于某些严重的故意犯罪而言，可以对其设置长期监禁刑。长期监禁刑的刑期为二十一年以上四十五年以下。

对于某一特定犯罪而言，长期监禁刑不得设置为唯一的主刑。

长期监禁刑不得适用于犯罪时不满二十一岁的犯罪人。

长期监禁刑的刑期应以整年为单位。

长期监禁刑只有在实际执行了五分之三的刑期之后，才能够被赦免。

第四十三条 社区服务

在法院对犯罪人适用一年以下的监禁刑时，法院可以同时决定，在征得犯罪人的同意下，用社区服务替代监禁刑。

当法院对所有能够影响判决类型或者范围的情况进行评估之后，法院认为不用执行监禁刑就能实现刑罚的目的，并且如果仅适用缓刑又不能充分满足刑事制裁措施的一般目的时，法院可基于上述评估，决定以社区服务替代监禁刑。

社区服务的天数应当和所判监禁刑期成正比，其具体天数应当在十至九十个工作日以内。社区服务的执行期限应当在一个月至一年之间。[1]

在决定社区服务的具体天数，以及其执行期限时，法院应当考

[1] 在此需要特别指出的是，社区服务天数不等于社区服务的执行期限。前者是指应当从事社区服务的具体天数（如十天还是九十天），而后者则是指在多长时间内（如一个月还是一年之间）将具体天数的社区服务执行完毕。——译者注

虑对犯罪人所宣告的监禁刑的刑期长短、犯罪人个人情况及犯罪人被雇佣的可能性。

当社区服务的执行期限届满时，如果犯罪人还没有完成，或者仅是部分完成法院指定的社区服务的，法院应当作出决定继续执行和所剩余的社区服务成正比的监禁刑。

以社区服务替代监禁刑的做法也可以适用于本法典第四十七条（罚金刑的替代措施）所规定的，以监禁刑替代罚金刑的场合。

社区服务的地点及其类型应当由司法部根据犯罪人的个人能力及技能来确定。

第四十四条　假释

当犯罪人执行原判刑期二分之一以上的，作为例外在犯罪人执行原判刑期三分之一以上的，在满足其能够在剩余刑期之内不再重新犯罪的条件下，剩余刑期可以不予执行（有条件释放）。

对于被判处监禁刑的犯罪人而言，如果其在服刑期间有了弃恶从善的表现，并因此可以期待其在剩余刑期之内表现良好，尤其是不会再重新犯罪，则剩余刑期可以不予执行。在决定是否对犯罪人适用假释时，应当考虑其服刑期间的表现，以及对其适用刑罚之具体目的是否已经实现等情节。

对已经执行了三分之一刑期的犯罪人而言，如果当其已经满足本条第一款的条件时，根据其个人性格来看，对其适用刑罚之具体目的也已经实现的，也可以对其适用假释。

被判处长期监禁刑的犯罪人，只有在实际执行了五分之三以上刑期的，才能够予以假释。

第四十五条　撤销假释

如果在假释考验期内，犯罪人实施一个或者多个犯罪行为，并且因此而被判处一年监禁刑或者更严厉的刑罚，则法院应当宣布撤销假释。

如果在假释考验期内，犯罪人实施一个或者多个犯罪行为，并且因此而被判处不超过一年监禁刑的刑罚，法院也可以决定对其撤销假释。当决定是否撤销假释时，法院应当特别考虑犯罪行为之间的相似性、犯罪行为的影响、实施犯罪行为的动机，以及和撤销假释有关联的其他情节。

当法院决定对犯罪人撤销假释时，应当认可先前判决所确定之监禁刑。犯罪人先前已经执行过的监禁刑的刑期应当予以折减，而在假释考验期内所度过的期间则不能予以折减。

本条第一款至本条第三款的规定，同样也适用于假释者因在假释前所犯的漏罪而被审判的情况。

在假释考验期内，犯罪人犯有新罪，并且因此被判处不超过一年监禁的刑罚时如果法院没有撤销假释的，则犯罪人假释考验期的时间应当予以延长。

第四十六条　罚金刑

罚金刑应当适用日额罚金之形式。当无法对其适用日额罚金形式的，则可以适用固定额罚金形式。

当法院采取日额罚金形式时，其数量可以在五个至三百六十个日额罚金之间。但对于某种牟利性犯罪而言，其最大数量可以不超过一千五百个日额罚金，本法另有规定的除外。

当法院采取固定额罚金形式时，其数量可以在五百波黑可兑换马克至十万波黑可兑换马克之间。但对于某种牟利性犯罪而言，其最大数量可以不超过一百万波黑可兑换马克，本法另有规定的除外。

法院在对于某种牟利性犯罪适用罚金刑时，如果犯罪人通过实施犯罪行为所获取的非法收益已经超过了一百万波黑可兑换马克，则法院可以不受本条第二款及第三款规定的限制。在这种情况下，法院可以对犯罪人处以总数不超过犯罪人非法收益两倍的罚金。

法院应当根据本法典总则部分的量刑规则确定日额罚金的数量。法院应当根据犯罪人最近三个月的日平均净薪水收入，以及其他收入和其所应承担的家庭法律义务来决定单个日额罚金的具体数额。在决定单个日额罚金的具体数额时，法院应当以在罚金适用前六个月以内的相关数据作为依据。

在法院无法获取本条第五款中的数据时，法院应当考虑由犯罪人在法院最终确定的截止日期之前所提供的数据，但是该数据的提交最迟不得晚于法院开庭审理终结前。如果到了法庭审理临近终结之日，法院还没能够获取相关数据，或者相关数据并不准确，则法院应当按照本法典总则部分的量刑规则以固定额罚金形式确定罚金的具体数量。

单个日额罚金的具体数额应当在最近官方所公布的波斯尼亚和黑塞哥维那的雇工平均净薪水的六十分之一到三分之一之间。雇工平均净薪水数据由波斯尼亚和黑塞哥维那统计局予以发布。

法院应当确定罚金支付的最终截止期限。该期限应当在十五日至六个月之间。如果有正当理由的话，法院可以适用以分期形式支付罚金，但是其最终截止期限不得超过一年。

按照本法典所判处并收缴的罚金，应当作为波斯尼亚和黑塞哥维那的预算收入。

第四十七条　罚金刑的替代措施

罚金不得以暴力方式收缴。

当犯罪人未能在法院判决指定的期限内缴纳罚金的，法院应当立即决定以监禁刑替代罚金刑。

法院应当采用下列方式，以监禁刑替代罚金。一日监禁，折抵单个日额罚金。如果采取固定额罚金形式，则一日监禁，折抵一百波黑可兑换马克，但是不能超过该种犯罪的最高法定刑期。

如果犯罪人已经支付了部分罚金，则作为罚金替代措施的监禁刑的刑期也应当成比例予以折减。如果犯罪人已经支付全部罚金，则法院应当停止监禁刑的执行。

第四十八条　量刑的基本原则

法院在依照法律规定而裁定对犯罪人所适用的刑罚种类及其范围时，应当考虑刑罚之目的，以及所有影响从轻或从重、减轻或加重适用刑罚之情节。尤其要考虑以下问题：犯罪人刑事责任之轻重、犯罪之动机、对法律所保护的利益造成损害之大小、犯罪发生之场合、犯罪人在犯罪前之生活状况、犯罪人的自身情况及其在犯罪后的行为表现，以及其他影响犯罪人性格形成的有关情节。

在裁定对累犯适用的刑罚时，法院应当考虑犯罪人最近所实施的犯罪行为和其先前所实施的犯罪行为是否属于同种类型、这些犯罪行为是否出于同种犯罪动机，以及自犯罪人前罪刑罚执行完毕或被赦免后，经历了多长时间犯罪人又重新犯罪的。

在裁定适用固定额形式的罚金数量时，法院还应当考虑犯罪人的薪水收入、其他收入，以及其财产状况和其所应承担的家庭义务。

第四十九条　减轻处罚

法院可以在某种犯罪行为的法定刑之下裁量适用刑罚，也可以适用更为轻缓的刑罚种类：

（一）法律有规定可以对犯罪人减轻处罚的；

（二）法院认为存在某种减轻处罚情节，并且由该情节可以推断出通过对犯罪人减轻处罚有助于实现刑罚之目的的。

第五十条　减轻处罚的限制性规定

当本法典第四十九条（减轻处罚）所规定的减轻处罚的适用条件出现时，法院应当按照下列限制性规定作出减轻处罚的决定：

（一）如果某一犯罪的法定最低刑为十年或者十年以上监禁，则可以减至五年监禁；

（二）如果某一犯罪的法定最低刑为三年或者三年以上监禁，则可以减至一年监禁；

（三）如果某一犯罪的法定最低刑为两年监禁，则可以减至六个月监禁；

（四）如果某一犯罪的法定最低刑为一年监禁，则可以减至三个月监禁；

（五）如果某一犯罪的法定最低刑不足一年监禁，则可以减至三十天监禁；

（六）如果某一犯罪没有设置法定最低刑，则也可以适用罚金刑作为监禁刑的替代措施；

（七）如果罚金被设置为某一犯罪的法定最低刑，则可以减至五个日额罚金；如果是按照固定额罚金形式的，可以减至五百波黑可兑换马克。

当法院根据本条第一款之规定决定对犯罪人减轻处罚时，还应当特别考虑到某种特殊犯罪的最低法定刑和最高法定刑。

第五十一条 免予处罚

当存在法定免予处罚的情况时，法院可以对犯罪人免予处罚。

当存在适用免予处罚的可能性时，法院可以作出更为宽缓的判决，其可以在本法典第四十九条（减轻处罚）所规定之限度以外对犯罪人减轻处罚。

第五十二条 对于过失犯免予处罚的特殊情况

如果犯罪后果对犯罪人造成非常不利的影响，以致适用刑罚已经完全没有必要，且更不能达到适用刑罚之目的时，法院可以对过失犯罪人免予处罚。[1]

第五十三条 数罪并罚

如果犯罪人之某一行为或数个行为构成数罪，在对数罪同时审判时，法院应当首先确定每个犯罪之刑罚，然后对所有的犯罪综合施以一个长期监禁刑、监禁刑或罚金刑。

法院在综合施以一个刑罚时，应当遵照以下规则：

（一）如果法院确定的数罪中有一罪被确定适用长期监禁刑的，则应对犯罪人仅宣告适用长期监禁刑。数罪的综合刑期应当高于数

---

[1] 例如，某种过失犯罪（较为典型的诸如交通肇事罪）招致犯罪人的亲友人身伤亡的，此时，过失犯罪后果已经给犯罪人自身带来了极为严重的负担和心理伤害时，借助刑罚实行特殊预防之目的就显得没有必要。——译者注

罪中最高刑期，但是不得超过四十五年之上限；

（二）如果数罪均被确定适用监禁刑，则对犯罪人最终宣告之监禁刑期应在数个监禁刑的刑期总和以下，数个监禁刑中最高刑期以上，但不得超过二十年之上限；

（三）如果有两个或两个以上的犯罪，法院对每个犯罪都确定适用十年以上监禁刑，则最终应当对犯罪人宣告长期监禁刑，但其刑期不得超过这些犯罪刑期的总和；

（四）如果数罪均被确定适用三年以下监禁，则对犯罪人最终宣告之监禁刑期不得超过八年之上限；

（五）如果数罪均被确定为罚金刑，则最终判决之罚金可以超过罚金刑的最高上限，但不能超过所有罚金的总和。

如果数罪中既有被确定适用监禁刑，又有被确定适用罚金刑的，法院应当根据本条第二款第（二）项至第（五）项之规定，对犯罪人宣告一个监禁刑和一个罚金刑。

当数罪中有任何一个犯罪的法定刑设置有罚金刑，法院可以将其作为附加刑予以适用。如果法院裁量了数个罚金刑的，其可以按照本条第二款第（五）项之规定，综合适用一个罚金刑。

当法院决定对数罪同时适用监禁和青少年监禁时，法院应当应当根据本条第二款第（二）项及第（三）项之规定，对犯罪人宣告单独一个监禁刑。

第五十四条　连续犯

如果犯罪人之所以实施数罪是出于同一个犯罪目的，系连续犯，则不适用本法中数罪并罚的规定。

连续犯，是指行为人故意针对同一被害人实施相同的或者同一种类的数个不法行为，而从其相同的犯罪方式、紧密相连的犯罪时间及其他犯罪情节来看，应当将上述数个犯罪行为视为一个整体行为来对待。

就连续犯而言，当犯罪人所实施的数个行为符合同一种犯罪的犯罪构成时，则法院应当依照该罪的法定刑，决定刑罚的种类及程度。当犯罪人所实施的数个行为分别属于异种之罪的，则法院应当在数罪中最重之罪的法定刑范围之内决定对犯罪人适用刑罚。

第五十五条　对已经判刑之人的刑罚裁量

如果已被判刑之人在执行判决所确定的刑罚之前曾经犯罪的，或在执行监禁刑、长期监禁刑或青少年监禁期间又犯新罪的，法院应当认可先前判决所确定之刑罚，并根据本法典第五十三条（数罪并罚）的规定，对犯罪人全部所犯之罪判处一个新的刑罚。犯罪人先前已经执行的刑期，应当在新判决所确定的监禁刑或者长期监禁刑的刑期中予以折减。

对于在执行监禁刑、长期监禁刑或青少年监禁期间又犯新罪的，如果法院认为根据本法典第五十三条（数罪并罚）的规定所确定的刑期已经无法实现刑罚之目的，法院应当在适当考虑前罪剩余刑期的前提下，对犯罪人执行监禁刑、长期监禁刑或青少年监禁执行期间所犯新罪单独作出判决。

第五十六条　审前羁押和先前处罚的折减

在审判前被羁押的时间及与犯罪有关的每次逮捕被羁押的时间，在对犯罪人作出监禁刑、长期监禁刑、青少年监禁或罚金宣告时，都应当予以相应折减。

在每次折减中，审判前被羁押或逮捕时被羁押的一日，与监禁刑、长期监禁刑、青少年监禁的一日及一百波黑可兑换马克应视为等同。

第五十七条　国外审前羁押和先前在国外服刑的折减

行为人在国外受审判前所被羁押的时间及在引渡程序中被羁押的时间，在其实际服刑时应当予以折减。行为人先前因接受国外法院判决而服刑的，如果外国判决所宣告的罪名和国内法院判处的罪名相同的话，则其先前因接受国外法院判决而服刑的时间也应当予以折减。如果外国判决所宣告的罪名和国内法院判处的罪名不相同的话，则法院也应当以适当的方式对其进行相应折减。

第八章 缓 刑

第五十八条 缓刑之目的

在通过对犯罪人宣告不执行所判处刑罚时，仍然保留刑罚执行的可能性威慑（缓刑），从而实现不执行刑罚就能达到刑事制裁措施之目的。

第五十九条 缓刑的适用

如果法院对犯罪人适用缓刑，在对犯罪人宣告刑罚的同时，应当确定一个缓刑考验期，在缓刑考验期内，犯罪人如果不再重新犯罪，就可以不对犯罪人执行刑罚。缓刑的考验期应当在一年至五年之间（缓刑期限）。

在法院决定对犯罪人适用缓刑时，其应当充分考虑缓刑适用之目的，特别还要考虑犯罪人之个人品行、犯罪前的一贯表现、犯罪后的具体表现、主观罪责程度，以及影响犯罪人实施犯罪的其他情节。

对判决两年以下监禁刑或者罚金的犯罪人可以适用缓刑。

如果在减轻处罚之后，对犯罪人仍然无法判处一年以下监禁刑的，则法院对其不能适用缓刑。

当法院对犯罪人同时宣告监禁刑和罚金刑时，法院可以决定对监禁刑和罚金刑都适用缓刑，也可以单独对监禁刑适用缓刑。

缓刑的适用不影响保安处分的执行。

第六十条　犯罪人在缓刑考验期的义务

法院在对犯罪人宣告缓刑的同时，可以裁定犯罪人应在缓刑考验期内遵守以下义务：其应当补偿因其犯罪行为而造成的损失；其应当返还犯罪所得之收益；其应当履行由波斯尼亚和黑塞哥维那刑事立法所规定的其他法定义务。

法院应当在缓刑考验期的范围之内，确定本条第一款中犯罪人履行义务的时间表。

第六十一条　因犯新罪而撤销缓刑

犯罪人在缓刑考验期内犯一罪或更多之罪，并因此被判处两年或者两年以上监禁刑的，法院应当对其撤销缓刑。

如果在缓刑考验期内，犯罪人实施一个或者多个犯罪，并且因此而被判处不超过两年的监禁刑或者罚金刑的刑罚，法院应当考虑与新犯之罪有联系的所有情节，以及犯罪行为之间的相似性、犯罪行为的影响、实施犯罪行为的动机，从而决定是否撤销缓刑。在作出最终决定之前，如果犯罪人在缓刑考验期内新犯之罪的刑期超过两年时，法院应当严格遵守缓刑适用的禁止性规定（本法典第五十九条第三款）。

当法院决定对犯罪人撤销缓刑时，应当认可先前判决所确定之监禁刑，然后应当根据本法典第五十三条之规定（数罪并罚），对先前判决所认定之罪与新犯之罪宣告一个新的刑罚。

如果法院决定不撤销缓刑，其可以对新犯之罪宣告缓刑，或者对其单独适用一个监禁刑。当法院认为应当对新罪宣告缓刑时，其应当依照本法典第五十三条之相关规定，对先前判决确定之罪与新犯之罪进行数罪并罚后，宣告一个新的刑罚，并且决定新的缓刑考验期，该考验期应在一年至五年之间，从该缓刑判决生效之日起开始计算。如果法院对犯罪人新犯之罪适用监禁刑的，对于犯罪人先前所犯罪被判处缓刑而在缓刑考验期内所经过的时间不能折减新罪的监禁刑刑期。

第六十二条 因发现漏罪而撤销缓刑

法院在作出缓刑宣告并对犯罪人适用缓刑之后，才发现犯罪人先前所犯之漏罪，并且法院认为如果当时知道有此漏罪之存在则不会宣告缓刑时，则应当撤销缓刑。如果法院撤销缓刑，应当依照本法典第六十一条（因犯新罪而撤销缓刑）第三款之相关规定，对先前判决所认定之罪与犯罪人先前所犯之漏罪进行数罪并罚，并宣告一个新的刑罚。

如果法院没有撤销缓刑，则应当依照第六十一条第四款之规定处理。

第六十三条 因未履行特定义务而撤销缓刑

如果被适用缓刑的犯罪人在判决确定的期限内本来能够履行法定义务，但却未履行该义务的，则法院应当决定撤销缓刑并执行原判刑罚。

如果法院认为犯罪人有正当理由无法履行该义务时，法院可以适度延长犯罪人履行特定义务的最终截止期限，或者按照波斯尼亚和黑塞哥维那相关刑事立法之规定，用较为合适的其他义务代替该义务，或者免除其义务之履行。

第六十四条　缓刑撤销的截止期限

法院可以在缓刑考验期内撤销缓刑。

如果犯罪人在缓刑考验期内犯有应当被撤销缓刑的新罪，但法院是在缓刑考验期结束之后才对新犯之罪作出判决的，那么法院只能在缓刑考验期届满之日起一年之内撤销缓刑。

如果犯罪人在最终截止期限内，未能履行本法典第六十条（缓刑考验期的义务）第一款中所确定的相关义务，法院只能在缓刑考验期届满之日起一年之内的撤销缓刑。法院撤销缓刑的同时，应当作出执行原判刑罚的命令。

第六十五条　附保护性监管措施的缓刑

当具备适用缓刑的法定条件，但法院通过考察犯罪情节、犯罪人的性格、犯罪人先前一贯行为表现、犯罪人犯罪后表现等有正当理由相信，通过对犯罪人适用附保护性监管措施能够有助于实现缓刑之目的及让犯罪人回归社会之目的时，法院可以决定对被宣告缓刑的犯罪人适用附保护性监管措施。

附保护性监管措施具体包括本法典所规定的相关救治措施、照顾、监管或者保护措施。附保护性监管措施的适用期限为六个月至两年。

第六十六条　附保护性监管的义务

附保护性监管措施包含以下义务：

（一）在有资质的健康护理机构中接受治疗；

（二）戒除服用酒精或鸦片（致幻性药物）；

（三）到专门性心理、生理或者其他顾问机构接受指导，按照其建议开展活动；

（四）接受职业培训；

（五）接受其工作技巧和能力相适应的雇佣活动；

（六）根据与其所负担的婚姻或家庭义务的需要，合理处置其薪水、其他收入及财产。

第六十七条 发布附保护性监管的命令

法院可以对犯罪人适用本法典第六十六条（附保护性监管的义务）中的一个或者数个义务，并精确地指出其具体包含何种范围。

在法院根据本法典第六十六条之相关规定选择附保护性监管措施的具体适用时，法院应当特别考虑：犯罪人的年龄；整体心理或者生理状况，尤其是在家中、在学校或者在工作中的生活习惯及爱好；实施犯罪时的内心动机；实施犯罪后的表现；先前生活状况；个人或家庭条件；以及能够影响其性格的其他因素，从而决定附保护性监管措施的具体义务内容及其持续时间。

法院在适用附保护性监管措施时，发现该措施之目的已经实现的，即便该措施的适用期限还未结束，法院仍然可以决定终止实施该措施。

当法院发现被适用附保护性监管措施的犯罪人未能履行法院所适用的具体义务时，法院可以警告犯罪人，或者用其他附保护性监管措施替代原先的附保护性监管措施，还可以延长附保护性监管措施的适用期限或直接撤销缓刑。

第九章 保安处分

第六十八条　保安处分之目的

保安处分之目的在于消除能够引发犯罪人日后再次犯罪的环境或条件。

第六十九条　保安处分之类型

保安处分包括以下具体类型：

（一）强制性精神治疗；

（二）对酒精和麻醉品成瘾的强制治疗；

（三）禁止从事某种职业、进行某种活动或担任某种职务；

（四）对物没收。

第七十条　保安处分之适用

当依照本法典适用保安处分的理由存在时，法院可以对犯罪人适用本法典中的一个或者数个保安处分。

第七十一条　强制性精神治疗

当犯罪人在心智明显减弱状态时实施犯罪，并且由于这种心智明显减弱的状态有可能诱发犯罪人实施新的犯罪行为的，法院应当对犯罪人适用强制性精神治疗的保安处分。

当本条第一款规定的情况出现时，强制性精神治疗的保安处分可以在监禁状态中实施，也可以在社区服务或者缓刑中实施。

只有当法院裁定实施强制性精神治疗的保安处分的原因消除后，才应当停止该保安处分的适用。但在任何情况下，适用强制性精神治疗的保安处分的时间长度不能超过监禁刑期、缓刑考验期及社区服务的期限。

（原第四款删除）

就本条第二款的情况而言，法院在对犯罪人适用缓刑之后，可以在监禁机关之外，对其适用强制性精神治疗的保安处分。如果犯罪人拒不接受该保安处分，则法院应当撤销缓刑。

如果犯罪人在缓刑考验期内，拒不接受强制性精神治疗的保安处分，并且拒不履行缓刑考验期内的法定义务，则法院应依照本法典第六十三条（因未履行特定义务而撤销缓刑）之规定予以处理。

第七十二条　对酒精和麻醉品成瘾的强制治疗

当犯罪人受到酒精和麻醉品成瘾的决定性影响而实施犯罪，并且由于这种成瘾状态有可能诱发犯罪人实施新的犯罪行为时，法院应当对犯罪人适用对酒精和麻醉品成瘾的强制治疗的保安处分。

当本条第一款规定的情况出现时，法院可以裁定在执行强制性精神治疗的保安处分时，本法所规定的执行强制性精神治疗的保安处分所适用的强制措施、期限及方法等，同样适用于执行对酒精和麻醉品成瘾的强制治疗的保安处分。

（原第三款删除）

就本法典第七十一条（强制性精神治疗）第二款而言，在法院将犯罪人有条件释放之后，可以在监禁机关之外对其适用强制治疗的保安处分。如果犯罪人拒不接受该保安处分，则法院应当撤销缓刑。

如果犯罪人在缓刑考验期内，拒不接受对酒精和麻醉品成瘾的强制治疗，则法院可以按照本法典第六十三条（因未履行特定义务而撤销缓刑）之规定予以处理。

第七十三条　禁止从事某种职业、进行某种活动或担任某种职务

行为人曾经实施了和某种职业、某种活动或某种职务有关联的犯罪，并且如果让其继续承担相同之角色，仍然有可能因为利用该便利条件而重新犯罪的，法院应当裁定禁止其从事某种职业、进行某种活动或担任某种职务。

禁止从事某种职业、进行某种活动或担任某种职务的期限应在一年以上十年以下，从判决生效之日起开始计算。但是，犯罪人在监狱中服刑的时间不能计算在内。

就本法典第四十三条（社区服务）第五款而言，当犯罪人以执行社区服务的形式替代监禁刑时，其违背相关禁令而从事某种职业、进行某种活动或担任某种职务的，法院可以对其适用先前判处的监禁刑。

当犯罪人在缓刑或者社区服务期间，违反禁止从事某种职业、进行某种活动或担任某种职务的相关禁令时，法院应当依照本法典第六十三条（因未履行特定义务而撤销缓刑）之规定予以处理。

第七十四条　对物没收

对于能够以某种方式，整体或者部分被用于或者被意图用于实施某种犯罪的物品，或者从犯罪活动中获得的物品，如果系为犯罪人所拥有的，应当予以没收。

本条第一款中的物品，即使不是为犯罪人所拥有，也可以被没收。但是这种没收不影响他人向犯罪人就被没收之物提出赔偿请求。

第十章　和训诫措施、矫正措施及青少年刑罚有关的规则

第七十五条　本法典中适用于青少年犯罪人的特殊条款

本章中的条款适用于青少年犯罪人。设置在其他法律中的对青少年犯罪人适用的刑事法律规范，不能超越青少年犯罪人所适用的特殊条款。

在本章所规定的情况出现时，青少年犯罪人所适用的特殊条款可以被适用。这些特殊条款同样也可以适用于犯罪时还是青少年的犯罪人。并且作为例外，也适用于犯罪时还是年轻的成年人的犯罪人。

第七十六条　适用训诫措施的条件

对于犯有法定刑为三年以下监禁刑或者罚金刑的犯罪的青少年犯罪人，法院可以对其适用训诫措施。

训诫措施应当由有资格从事青少年犯罪司法工作的检察官或者法官来实施。

适用训诫措施的条件是：青少年犯罪人承认所犯的罪行，并且也表示愿意对被害人进行赔偿。

第七十七条　适用训诫措施之目的

适用训诫措施之目的是：

（一）避免对青少年犯罪人启动刑事诉讼程序；

（二）将训诫措施作为一种手段，从而使得青少年犯罪人不再重新实施犯罪。

第七十八条　训诫措施的类型

训诫措施包括以下类型：

（一）亲自向被害人道歉；

（二）纠正或补偿因犯罪所造成之损失；

（三）有规律地接受学校教育；

（四）为慈善组织或者地方社区工作；

（五）接受适当的工作；

（六）在其他家族、寄养家庭、机构中生活；

（七）在有资质的健康机构中接受治疗；

（八）接受具有指导性的、教育性的、心理性的或其他形式的建议。

本条第一款第（一）项至第（三）项及第（八）项中的训诫措施应当由有资格从事青少年犯罪司法工作的检察官来实施，而第（四）项至第（七）项中的训诫措施应当由有资格从事青少年犯罪司法工作的法官来实施。

第七十九条　训诫措施之选择

当决定适用特殊的训诫措施时，有资格从事青少年犯罪司法工作的检察官或者法官应当充分考虑青少年犯罪人和被害人的整体利益，尤其是在适用训诫措施时，不应影响青少年犯罪人的日常学校学习或工作。

训诫措施的期限不得超过一年。

在训诫措施生效之前，法院可以用其他类型的训诫措施替代先前作出的训诫措施，也可以将其取消。

训诫措施的选择和适用应当在青少年犯罪人的父母、监护人或者社会救助机构的协同下进行。

第八十条　对青少年犯罪人的刑事制裁措施

法院可以对青少年犯罪人适用矫正措施和某种形式的保安处分。在极端例外的情况下，也可以对年长的青少年犯罪人适用监禁刑。

犯罪时已满十四周岁但不满十六周岁的青少年（年轻的青少年），法院仅能对其适用矫正措施。

犯罪时已满十六周岁但不满十八周岁的青少年（年长的青少年），在本法典所规定的情况出现时，法院可对其适用矫正措施，并且作为例外，可以对其适用青少年监禁。

在符合本法典规定的条件时，法院可以对青少年犯罪人适用保安处分措施。

不得对青少年犯罪人适用缓刑。

第八十一条　矫正措施和青少年监禁之目的

矫正措施及青少年监禁之目的是：通过对青少年犯罪人实施扩展性保护、帮助、监管，以及对其进行职业培训，培养个人责任感，从而为青少年犯罪人提供教育、回归社会和合适的发展机会。另外，青少年监禁之目的还在于，针对青少年犯罪人进行强化性影响，从而使其在将来不再犯罪，同时预防其他青少年人犯罪。

第八十二条　矫正措施之类型

矫正措施具体包括：

（一）纪律约束措施；

（二）强化性监管措施；

（三）公共机构矫正措施。

纪律约束措施主要适用于没有必要接受扩展性教育措施或者改造措施的青少年犯罪人，尤其是其系出于无知或者举止轻浮而实施犯罪的。

强化监管措施适用于有必要在充分的监管状态下接受扩展性教育措施、回归社会措施或者治疗措施，但没必要完全脱离原来生活环境的青少年犯罪人。

公共机构矫正措施适用于有必要在充分的监管状态下接受扩展性教育措施、回归社会措施或者治疗措施，并且需要完全脱离原来生活环境的青少年犯罪人。公共机构矫正措施的适用期限不得超过五年。

第八十三条　矫正措施

就青少年犯罪人而言，法院可以适用以下矫正措施：

（一）纪律约束措施，将其送往青少年纪律约束中心接受纪律约束措施；

（二）强化性监管措施，由青少年犯罪人的父母、养父母、监护人、寄养家庭或有资质的社会护理机构具体执行；

（三）公共机构矫正措施，由教育机构、教育矫正所或其他训教机构具体执行。

第八十四条　矫正措施之选择

在选择适当的矫正措施时，法院应当考虑青少年犯罪人的年龄、心理发展程度、心理特征、个人爱好、实施犯罪行为的动机、教育程度、家庭及社会背景、生活环境、罪行的严重程度、是否曾被判处过矫正措施或青少年监禁，以及其他能够影响选择适用何种类型矫正措施的各种情况，以期达到矫正措施之法定目的。

第八十五条　将青少年犯罪人送往纪律约束中心

在有必要对青少年犯罪人实施持续较短的矫正措施以期对其个性产生影响并因此对其行为进行指导时，法院应当将其送往纪律约束中心。

对于按照本条第一款之规定被送往纪律约束中心的青少年犯罪人，法院可以作出以下时间安排：

（一）每个节假日若干个小时，不能连续超过四个节假日；

（二）每天若干个小时，但最多不得超过一个月；

（三）连续若干日，但最多不可超过二十日。

在根据本条第一款之规定适用该种措施时，法院应当考虑到，不能让青少年犯罪人因之而缺课或误工。

在纪律约束中心，在征得青少年犯罪人或者其法定监护人同意的情况下，法院可以让青少年犯罪人根据其年龄状况而参加相应劳动。

在宣告将青少年犯罪人送往纪律约束中心时，法院可以决定让有资质的社会救助机构适用强化性监管措施。该强化性监管措施应当在纪律约束措施被执行之后予以开始适用。

第八十六条　由父母、养父母或监护人执行的强化性监管措施

如果青少年犯罪人的父母、养父母或监护人有能力，但是却未能对青少年犯罪人进行监督管理时，法院应当责令由青少年犯罪人

的父母、养父母或监护人实施强化性监管措施。

法院在宣告本条第一款中的强化性监管措施时，应当就和该措施有关的青少年教育、治疗及消除危害性影响等方面问题，给青少年犯罪人的父母、养父母或监护人规定具体的职责，法院也可以给予他们必要的指导。

在宣告本条第一款中的强化性监管措施时，法院可以指定有资质的社会救助机构审核其具体执行情况，并由该社会救助机构给青少年犯罪人的父母、养父母或监护人提供支持。法院应当在适当的时候决定停止社会救助机构的审核。该措施的适用期限在一年至三年之间。

第八十七条 在寄养家庭中的强化性监管措施

如果青少年犯罪人的父母、养父母或监护人没有能力对其实施强化性监管措施，或有正当理由无法对其实施强化性监管措施，法院则应将该青少年犯罪人移交给愿意接受并有能力对其实施强化性监管措施的寄养家庭。[1]

当青少年犯罪人的父母、养父母或监护人重新有能力对其实施强化性监管措施时，或者根据教育和矫正措施的效果，有必要停止强

[1] 所谓的“寄养家庭”，系指照顾孤儿、不良青少年的家庭或场所。另外，如果青少年的父母或其他看护人涉嫌犯罪，即便这种被指控的犯罪不是针对该青少年的，地方主管机关也可以将青少年从其父母或其他看护人处带离，同时安排指定的寄养家庭对青少年人进行照顾。寄养家庭，是世界各国一种非常普遍的青少年矫正及保护场所。例如，英国《1989 年青少年法》不仅对寄养家庭的居住面积、抚养人自身条件等方面提出了专门要求，还设置了对寄养家庭的招募、培训、评估，寄养儿童的评估，配对，寄养安置，寄养后服务，以及离开寄养家庭等一系列程序规定。对此可参见：张诚学．英国、香港、上海家庭寄养比较［J］．社会福利，2003（10）：4-7.——译者注

化监管时，法院应当停止适用本条第一款之规定中的强化性监管措施。

在宣告本条第一款中的强化性监管措施时，法院可以指定有资质的社会救助机构在该种措施的实施期限内审核其具体执行情况，并由该社会救助机构为接受青少年的寄养家庭提供必要的支持。

第八十八条　有资质的社会救助机构的强化性监管措施

如果青少年犯罪人的父母、养父母或监护人没有能力对青少年实施强化性监管措施，并且也不可能指定寄养家庭对青少年犯罪人实施强化性监管措施时，法院应当将青少年犯罪人送往有资质的社会救助机构中接受强化性监管措施。

法院应当在适当的时候决定停止本条第一款所规定的由有资质的社会救助机构进行的强化性监管。该措施的适用期限在一年至三年之间。在实施该措施的期间内，青少年犯罪人应当继续同其父母、养父母或其他抚养人一起生活，而由有资质的社会救助机构派出专门人员对其实施强化性监管措施。

有资质的社会救助机构应当指派专门人员负责青少年犯罪人的教育及就业，负责使其免受不良环境影响的危害，并负责为其提供必要的治疗及提供秩序良好的生活氛围。

第八十九条　强化性监管措施中的特殊义务

当法院依据本法典第八十六条（由父母、养父母或监护人执行的强化性监管措施）、第八十七条（在寄养家庭中的强化性监管措施）及第八十八条（有资质的社会救助机构的强化性监管措施）之规定，对青少年犯罪人宣告适用强化性监管中的某种措施时，如果是为了更有效实施该措施所需，法院可以给青少年犯罪人指定一种或更多的特殊义务。

法院可以给青少年犯罪人指定以下义务：其应当亲自向被害人道歉；在其个人能力范围内，补偿因犯罪所造成之损失；定期按时上学；接受与其能力、爱好及身体力量相适应的职业培训；戒除酒精、麻醉品及其他精神药品；接受适当的健康机构或咨询机构的指导；不得接触对其个性发展有危害性影响之人员。

法院可以随后改变或撤销其对青少年犯罪人所指定的特殊义务。

如果青少年犯罪人未能履行本条第二款所规定的义务，法院可以用其他矫正措施代替强化性监管措施。

当法院依据本条第二款之规定对青少年犯罪人指定义务时，法院应当对青少年犯罪人特别指出本条第四款的法律后果。

第九十条　送往教育机构

如果不得不让青少年犯罪人在教育机构中接受经专门培训的教育人员的持续监督教育时，法院应当将青少年犯罪人送往教育机构。

青少年犯罪人应当在教育机构中生活六个月至三年的时间。法院在作出适用本条第一款所规定的教育措施宣告时不应决定其具体期限，而是在此后才能决定其具体期限（本法典第九十三条停止执行及改变实施矫正措施的决定）。

第九十一条　送往教育矫正所

当不得不让青少年犯罪人接受强化性改造措施时，法院应当将青少年犯罪人送往教育矫正所。

当法院决定适用本条第一款所规定的强化性改造措施时，法院应当对青少年犯罪人所犯之罪行的轻重与性质及其是否在先前被判处过矫正措施或青少年监禁等情节予以特殊考虑。

青少年犯罪人应当在教育矫正所生活一年至五年的时间。法院在作出适用本条第一款所规定的强化性改造措施时不应决定其具体期限，而是在此后才能决定其具体期限（本法典第九十三条停止执行及改变实施矫正措施的决定）。

第九十二条　送往其他训教机构

对于心理或生理发育迟缓的青少年犯罪人而言，法院可以适用将其送往其他训教机构的矫正措施，替代送往教育机构的矫正措施或者送往教育矫正所的矫正措施。

只要是为了青少年犯罪人医疗康复或者回归社会的需要，该青少年犯罪人应当一直在其他训教机构中生活，但是当该青少年犯罪人成长到一定年龄时，该种矫正措施就应当予以停止。

第九十三条　停止执行及改变矫正措施的决定

在法院宣告实施强化性监管措施或者公共机构矫正措施的决定作出后，当作出适用该措施时的情况发生变化，或者法院在作出决定时并不知道情况发生变化，并且该变化已经对决定的作出产生实质影响的，法院应当停止所宣告措施的执行，或者以其他的强化性监管措施或公共机构矫正措施将其替换。

除了本条第一款规定的情况之外，除非法院对青少年犯罪人采取了其他措施，如果教育及矫正措施所取得的效果非常良好，法院可以停止强化性监管措施或公共机构矫正措施的执行，或者以其他的措施将其替换。

法院在作出停止执行或者改变实施矫正措施的决定时，应当遵守以下规定：

（一）在六个月的期限之内，法院不能停止将青少年犯罪人送往教育机构的矫正措施。期限届满以后，法院可以将该矫正措施替换为将青少年犯罪人送往教育矫正所的矫正措施或送往其他训教机构的矫正措施；

（二）在一年期限以内，送往教育矫正所的矫正措施不能停止执行。在一年期限届满之后，法院可以将其替换为将青少年犯罪人送往其他训教机构的矫正措施。

作为例外，如果和青少年犯罪人个性有关的特殊事实显示，将青少年犯罪人送往教育机构的矫正措施或者将青少年犯罪人送往教育矫正所的矫正措施之目标已经实现的，则法院可以在不受本条第三款第（一）项及第（二）项规定限制的情况下，作出停止执行及改变矫正措施的决定。

第九十四条　重复决定实施矫正措施

如果宣告对青少年犯罪人适用强化性监管措施或公共机构矫正措施的决定生效已经超过一年，但仍未被执行的，法院应当再次决定是否有必要执行该种措施。法院可以决定执行或不执行先前所宣告的矫正措施，或者将其替换为其他矫正措施。

如果宣告将青少年犯罪人送往纪律约束中心的矫正措施的决定生效已经超过六个月，但仍未被执行的，法院应当停止执行该矫正措施。

第九十五条　对年长青少年犯罪人的刑罚

年长的青少年人实施了法定刑超过五年监禁刑之罪，并且由于其严重的犯罪后果和较重的刑事责任，法院已经难以找到正当理由仅对其宣告矫正措施的，该年长的青少年人应当接受相应的刑事处罚。

第九十六条　青少年犯罪人监禁

青少年犯罪人监禁期限应当在一年至十年，宣告时应以整年或者半年为单位。

当对年长的青少年所实施的犯罪裁量刑罚时，法院不能在该罪的最高法定刑以上量刑，但可以在该罪最低法定刑以下量刑。

第九十七条　裁量青少年犯罪人监禁

当对青少年犯罪人裁量刑罚时，法院应当考虑所有影响刑罚轻重的情节（本法典第四十八条量刑的基本原则），特别应当考虑青少年犯罪人的心智发育程度，以及对其教育、矫正或职业培训所需要的时间。

第九十八条　对同时审判的数罪宣告矫正措施和青少年犯罪人监禁

当存在法定状况及法院认为有必要时，对于同时审判的数罪，法院可以针对青少年犯罪人仅宣告单一的矫正措施或青少年犯罪人监禁。

法院在作出矫正措施或青少年犯罪人监禁之宣告后，发现在宣告之前或之后，该青少年还犯有其他罪行时，法院应当按照本条第一款之规定作出相应处置。

第九十九条　青少年犯罪人监禁的行刑时效

法院作出的青少年犯罪人监禁的判决生效后，在下列期限届满时，青少年犯罪人监禁不得执行：

（一）五年以上的监禁，从判决生效后超过十年的；

（二）三年以上的监禁，从判决生效后超过五年的；

（三）不满三年的监禁，从判决生效后超过三年的。

第一百条　对犯罪时是青少年而审判时是成年人的刑事制裁措施

已满二十一周岁的成年人不得因其在年轻的青少年时期所实施之行为被判有罪。

对犯罪时是青少年人，如果其作为成年人在审判时不满二十一周岁，法院只能对其所犯法定刑超过五年以上监禁之罪进行审判。法院可以判决对其适用适当的公共机构矫正措施。在决定是否有必要宣告该措施时，法院应当考虑所有与案件有关的情节，特别是犯罪的严重程度，犯罪后至审判前的时间长短，犯罪人的一贯表现，以及实施矫正措施之目的。

法院按照本法典第九十六条（青少年犯罪人监禁）之规定，可以针对成年人在其年长的青少年时期所犯之罪，判决对其适用恰当的公共机构矫正措施，或者判处其青少年犯罪人监禁措施。在决定是否有必要作出公共机构矫正措施或青少年犯罪人监禁措施的宣告，以及在上述二者中选择何种措施时，法院应当考虑所有与案件有关的情节，特别是犯罪的严重程度、犯罪后至审判前的时间长短、犯罪人的一贯表现，以及这些措施所意图实现之目的。

作为本条第三款之例外，法院也可以对犯罪时系年长的青少年人而审判时系年满二十一周岁的成年人判处监禁或缓刑，而不是青少年犯罪人监禁。在这种情况下的监禁刑，在归复社会方面，在消除判决以及判决的法律后果方面，和青少年犯罪人监禁刑具有同种法律效用。

第一百零一条　对年轻的成年人适用矫正措施

行为人犯罪时已经是成年人，但在审判时还未年满二十一周岁的，如果考虑到犯罪人的个性及犯罪时所处的环境，法院认为适用合适的公共机构矫正措施也能达到与适用刑罚相同之效果时，法院可以宣告对其适用该种措施。

如果本法典有规定，对被判处适用矫正措施的年轻的成年人而言，法院可以对其适用除禁止从事某种职业、进行某种活动或担任某种职务以外的所有保安处分措施。

当犯罪人年满二十三周岁时，对其所适用的矫正措施都应当停止执行。

第一百零二条　对青少年犯罪人适用保安处分措施

如果法律有相应规定，法院应当对被适用了矫正措施或者青少年监禁的青少年犯罪人宣告适用本法典第六十九条（保安处分的种类）第（一）项、第（二）项及第（四）项中的保安处分措施。

对酒精和麻醉品成瘾的强制治疗之保安处分措施不能和纪律约束措施的矫正措施一起适用。

作为强制性精神治疗保安处分措施的替代，法院可以适用将青少年犯罪人送往其他训教机构的矫正措施。其前提是，该训教机构也能实施相应的医疗救治和监管行为，且能够因此而实现强制性精神治疗保安处分措施所预期实现之目的。除此之外，对物没收的保安处分措施也可以适用。

第一百零三条　刑罚对矫正措施的影响

如果法院在对年长的青少年犯罪人适用矫正措施期间，对其判处了青少年犯罪人监禁，则矫正措施应当在青少年犯罪人监禁开始执行时予以停止。

如果法院在对成年人适用矫正措施期间，对其判处了一年以上的青少年犯罪人监禁，或监禁刑，则矫正措施应当在上述监禁刑开始执行时予以停止。

如果法院在对成年人适用矫正措施期间，对其判处了一年以下的监禁刑，则法院应当在判决书中指出，在监禁刑执行结束后，矫正措施是否停止或者继续执行。

第一百零四条　矫正措施及青少年犯罪人监禁的法律后果

矫正措施及青少年犯罪人监禁不产生根据本法典第一百一十四条（定罪的法律后果）中所规定的剥夺某种权利的法律后果。

本法典第一百零八条（犯罪人从事劳动）之规定，对于被送往教育矫正所或者被判处青少年监禁刑的青少年犯罪人而言，也同样适用。

第一百零五条　矫正措施适用之记录

青少年犯罪人被适用矫正措施的记录只能由波斯尼亚和黑塞哥维那联邦、波斯尼亚和黑塞哥维那塞族共和国、波斯尼亚和黑塞哥维那布尔奇科特区主管社会保障的政府机关所指定的社会保障部门予以保存。

被适用矫正措施的记录只能由法院、公诉机关、内务部，以及社会保障部门在处理针对被适用矫正措施的犯罪人的相关刑事诉讼活动中予以披露。

第十一章
执行刑事制裁措施之基本规定

第一百零六条　监禁刑或者长期监禁刑的执行

监禁刑或者青少年犯罪人监禁刑应当在封闭、半开放、开放监管状态中执行。

长期监禁刑只能在封闭监管状态中执行。

第一百零七条　刑罚执行的限制

刑罚执行中，只有在为实现特定判决之目的所必需的情况下，才应当依法剥夺或限制受刑人的权利。

第一百零八条　犯罪人从事劳动

被判处监禁刑、长期监禁刑或青少年犯罪人监禁刑的犯罪人，如果具备劳动能力，在征得其同意的情况下，可以从事劳动。

如果犯罪人请求劳动或者同意劳动的，应当从事力所能及的劳动。

犯罪人从事的劳动，应当是有益性的劳动，应当和当代社会公众在自由状态中所从事的劳动的种类完全相同。同时，犯罪人从事的劳动还应当是和其专业和能力相匹配的。

第一百零九条　青少年犯罪人监禁刑的执行

对于年轻的青少年人而言，对其判处的青少年犯罪人监禁刑只能在为其设置的专门监禁机构中执行，直至其年龄届满十八周岁时为止。对于已经超过十八周岁，但是不满二十三周岁的年轻的成年人而言，其应当在为青少年犯罪人所专门设置的监禁机构中执行，或者在成年人服刑的监禁机构中专门为年轻的成年人设置的场所中执行，以免年轻的成年人和年长的成年人[1]之间相互接触。如果青少年犯罪人在届满二十三周岁时刑期仍然没有执行完毕，其应当被送往成年人监禁机构中服刑。

如果是为了完成学业或者职业培训的需要，年轻的成年人可以在青少年犯罪人专门监禁场所中服刑。如果年轻的成年人在青少年犯罪人专门监禁场所中服刑时存在某种负面消极因素时，则应当停止让其在该监禁场所中服刑。

在对青少年犯罪人选择劳动类型时，应当充分考虑其个人能力和个人意愿，以期该种劳动培训能够与为青少年犯罪人设置的专门监禁机构的功能相匹配。就年轻的成年人而言，无论是在为青少年犯罪人所专门设置的监禁机构中服刑，还是在成年人服刑的监禁机构中专门为年轻的成年人设置的场所中服刑，其都应当有接受教育和职业培训的机会。

在对青少年犯罪人分配劳动时间时，应当保证其合理的学习及职业培训时间，并且还要为其预留充分的身体锻炼和娱乐时间。

被定罪的青少年犯罪人在服刑时间达到原判刑期三分之一以上且在其监禁场所中服刑时间超过一年的，可以被假释。在该青少年

[1] “年长的成年人”指二十三周岁以上的成年人。——译者注

犯罪人假释期间，法院可以裁定由有资质的社会救助机构对其适用强化性监管措施。在出现本法典第四十五条（撤销假释）的情况时，法院应当撤销假释。

被定罪的青少年犯罪人，除非在特殊情况下，应当有权以通信或者会见的形式和其家人保持联系。

第十二章　没收犯罪的财产收益及定罪的法律后果

第一百一十条　没收犯罪的财产收益的根据

任何人不得保留通过实施犯罪行为而获取的财产收益、收入、利润，或者从犯罪的财产收益中形成的其他形式的利益。

按照本法典的相关规定，本条第一款所规定的财产收益、收入、利润或者其他形式的财产收益应当按照法院的决定予以没收。

第一百一十条之一　没收犯罪的财产收益的扩张适用

在刑事诉讼过程中，就本法典第十七章、第十八章、第十九章、第二十一章、第二十一章之一及第二十二章的犯罪而言，在公诉机关有充分证据证明某种财产收益、收入、利润或者其他形式的利益系通过实施犯罪而获取，并且被告人也没有充足证据对其来源合法性予以说明的，法院可以按照本法典第一百一十条第二款之规定没收。

在刑事诉讼过程中，如果现有情况尚不满足适用没收财产收益、收入、利润或者其他形式的利益的条件时，可以在民事诉讼中提出没收犯罪的财产收益的请求。

第一百一十一条　没收犯罪的财产收益的方法

犯罪人通过犯罪而获取的金钱、有价物、财产或其他财产性利益应予以没收。若无法进行没收，犯罪人应按该收益之价值支付相应金钱。如果第三人在接受该财产收益时并未支付相应对价、所支付的对价和该财产收益的价值不相称的或者其知道或应当知道财产收益是通过犯罪而产生的，其该财产收益也应当予以没收。

如果犯罪所产生的财产收益，已经和通过合法手段获得的财产出现了混同状态，则应当让犯罪人支付按照不超过已混同财产总价额度的金钱。

源自犯罪所得而滋生的其他收入或其他利润、从犯罪收益所兑换的财物中所滋生的利益或者从已经和合法财产混同后的财物中所滋生的利益，也应当按照本条之规定，用同样的方式予以没收。

第一百一十二条　对被害人的保护

如果在刑事诉讼中被害人向法院提出主张财产权利的诉讼请求，则法院在没收犯罪所得之收益时，应当仅没收超出被害人诉讼请求之外的物质利益。

如果在刑事诉讼中，法院通过某一决定告知被害人应当在民事诉讼中主张财产权利的，被害人可以在该决定生效后六个月以内提起主张财产权利的民事诉讼，并且在该民事诉讼主张被法院认可之后的三个月之内，请求法院以所没收之财物补偿其因犯罪而遭受之损失。

如果被害人并没有在刑事诉讼中提出主张财产权利的诉讼请求，其可以在知晓没收犯罪收益的判决后三个月以内，或者至多在没收犯罪收益的判决生效后二年以内，提起主张财产权利的民事诉讼，并且在该民事诉讼主张被法院认可之后的三个月之内，请求法院以所没收之财物补偿其因犯罪而遭受之损失。

第一百一十三条　定罪法律后果之产生

犯某种特定之罪的犯罪人，应当承受某种特定罪的法律结果，并可能因此而停止或者丧失某种特定权利，或者被禁止获得某种特定权利。

就被判处罚金刑、缓刑及被免予处罚的犯罪人而言，不存在定罪的法律后果。

定罪的法律后果只能由法律来规定，并且只能依照规定该法律后果的法律方可予以启动。

第一百一十四条　定罪的法律后果的种类

定罪的法律后果会使犯罪人停止或者丧失如下权利：

（一）暂停在政府机构、商业组织或者其他法人机构中从事特定工作或者担任特定职务的权利；

（二）终止就业，或者暂停继续从事特定职业、担任特定职位或者从事特定活动的权利；

（三）被吊销政府相关主管部门所颁发的特别许可证或者执照；

（四）剥夺所获得的奖章。

定罪的法律后果将禁止犯罪人获得如下特定权利：

（一）禁止获得政府机构、商业组织或者其他法人机构中从事某种工作或者担任某一职务的权利；

（二）禁止获得在现役部门中的特定公职、头衔、岗位或者升职的权利；

（三）禁止获得由政府相关主管部门所颁发的特别许可证或者执照。

第一百一十五条　定罪的法律后果的开始及持续时间

定罪的法律后果于判决生效之日起予以启动。

包含有禁止行使某种权利的判决的法律后果，自刑罚被执行、赦免或超过法定时效之日开始计算，最多不超过十年。如果法律规定了更短的法律后果的持续时间，则按照该法律规定执行。

定罪的法律后果自判决撤销之日停止。

第一百一十六条　保安处分及定罪法律后果的结束

对于禁止从事某种职业、进行某种活动或担任某种职务的保安处分措施自生效后，已经被适用了三年的，法院可以决定停止该保安处分措施的继续适用。

对于包含有禁止行使某种权利的判决的法律后果，自刑罚被执行、赦免或超过法定时效之日开始已经超过三年的，法院可以决定消除该定罪的法律后果。

在作出停止保安处分措施或者消除定罪的法律后果决定时，法院应当考虑犯罪人在判决后的行为表现，即是否已经对损害作出了相应补偿，是否已经归还了财产利益，以及对于停止保安处分措施或者消除定罪的法律后果的决定有着重要影响作用的其他情况。

定罪法律后果的结束，对于原判判决中第三人的权利行使没有任何影响作用。

第十三章　复权、大赦、特赦及删除受刑记录

第一百一十七条　复权

除了因适用保安处分或者因定罪的法律后果所限制的某些权利无法正常行使之外，犯罪人从监禁刑、长期监禁刑、青少年犯罪人监禁刑的执行机关被获释后，或者被大赦或特赦后，或者从法定时效届满之日后，其应当充分享受宪法、法律或者其他法律规范所赋予的权利。

本条第一款之规定，也适用于假释中的犯罪人，除非其权利受到相关假释法规的特殊限制。

第一百一十八条　大赦

被大赦的人们可以因此免予被追诉，完全或部分免除刑罚执行，被宣告的刑罚被较轻的刑罚所替代，被撤销定罪判决，或者被撤销某一判决所确定的法律后果。

本法典所规定的大赦，应当由波斯尼亚和黑塞哥维那国会依照法律规定予以宣告。

第一百一十九条　特赦

特赦仅适用于指定的个人，该人会因此完全或部分免除刑罚执行，被宣告的刑罚被较轻的刑罚所代替，被撤销定罪判决，被撤销

或被缩短某一判决所确定的法律后果的适用期限，或者被撤销或被缩短某一判决所确定的禁止从事某种职业、参加某种活动或担任某种职务的保安处分措施的适用期限。

本法典所规定的特赦，应当由波斯尼亚和黑塞哥维那国家元首依照法律规定予以宣告。

第一百二十条 大赦或特赦对第三方的影响

大赦及特赦对相关判决中第三人的权利不产生任何影响。

第一百二十一条 删除犯罪记录

如果犯罪人在以下期限届满之后没有重新犯罪，则应当强制性删除其犯罪记录：

（一）就被宣告免予处罚的犯罪人而言，如果犯罪人自法院裁决生效之日起一年以内没有重新犯罪，则应删除其犯罪记录；

（二）就被宣告缓刑的犯罪人而言，如果在缓刑考验期届满之日起一年以内没有重新犯罪，则应删除其犯罪记录；

（三）就被宣告罚金刑或者一年以下监禁刑的犯罪人而言，如果在该刑罚被执行完毕、超过时效或者赦免之日起三年以内没有重新犯罪，则应删除其犯罪记录；

（四）就被宣告一年至三年监禁刑的犯罪人，如果在该刑罚被执行完毕、超过时效或者赦免之日起五年以内没有重新犯罪，则应删除其犯罪记录；

（五）就被宣告三年至五年监禁刑的犯罪人，如果在该刑罚被执行完毕、超过时效或者赦免之日起十年以内没有重新犯罪，则应删除其犯罪记录；

（六）就被宣告五年至十年监禁刑的犯罪人，如果在该刑罚被执行完毕、超过时效或者赦免之日起十五年以内没有重新犯罪，则应删除其犯罪记录。

在被定罪而被判处十年以上监禁刑的犯罪人的请求下，如果其在监禁刑执行期满，或者被大赦或特赦，或者超过时效二十年之后，没有重新犯罪的，法院可以决定删除其犯罪记录。

在删除犯罪记录时，法院应当考虑犯罪人在刑罚执行完毕后的行为表现、犯罪的性质，以及对于删除犯罪记录而言有重要影响作用的其他情况。

长期监禁刑的犯罪记录不能被删除。

在对犯罪人新犯之罪进行刑事诉讼期间，犯罪记录不能被删除。

在犯罪人适用保安处分措施期间，或者在对其所进行的没收犯罪所得的活动尚未结束之前，犯罪记录不能被删除。

就本条第一款至第三款的删除犯罪记录而言，其意味着行为人不曾因实施犯罪行为而被定罪。

第一百二十一条之一　犯罪记录

通过犯罪记录所获得的数据不能公开。

如果犯罪记录中的数据对行为人行使权利或者维护利益而言非常必要，则公民有权要求从犯罪记录中获取与其有关的数据。

用社区服务或者监禁刑代替罚金刑的记录，以及用社区服务或者罚金刑代替监禁刑的记录，也应当属于犯罪记录。

第十四章 法人犯罪的刑事责任

第一百二十二条　法人的刑事责任

本章所规定的法人的刑事责任，是指为了法人自身利益，或者以法人的名义所实施的犯罪应负的刑事责任。本章所规定的法人，不包括波斯尼亚和黑塞哥维那联邦、波斯尼亚和黑塞哥维那塞族共和国、波斯尼亚和黑塞哥维那布尔奇科特区，以及上述两个实体和一个特区所分别下辖的州、市、自治市、地方社区自身。[1]

本章中所规定的刑罚或者其他刑事制裁措施，以及法人的定罪后果，适用于法人犯罪。

如果其他法律对某些法人犯罪有特殊规定，本章中所规定的刑罚或者其他刑事措施可以不予适用，或者适用时应当受到限制。

针对法人犯罪的刑事诉讼的提起，应当按照《波斯尼亚和黑塞哥维那刑事诉讼法》之规定予以启动。[2]

---

❶ 亦即，仅包括在上述地区中的组织化的商业组织，各种形式的合作企业、机构，信贷或者其他银行机构，财产及人身保险公司，金融组织、基金组织、政治机构和公民协会，以及其他形式的能够如同法人那样以相同方式合法地设立并获取资金的组织。——译者注

❷ 《波斯尼亚和黑塞哥维那刑事诉讼法》共计四百五十一条，于 2003 年 3 月 1 日正式实施。——译者注

第一百二十三条　本法典关于法人犯罪的属地管辖

国内或者国外法人，在波斯尼亚和黑塞哥维那境内实施犯罪的，应当按照本法典之规定追究其刑事责任。

国内或者国外法人针对波斯尼亚和黑塞哥维那或者其公民实施犯罪的，如果该法人位于波斯尼亚和黑塞哥维那境内或者在波斯尼亚和黑塞哥维那开展业务活动，则应当按照本法典之规定追究其刑事责任。

在符合本法典第九条（在波斯尼亚和黑塞哥维那境外发生的犯罪的刑事立法适用）的情况下，在波斯尼亚和黑塞哥维那境外对外国政府、外国公民或者外国法人实施犯罪的，也应当按照本法典之规定追究其刑事责任。

第一百二十四条　法人刑事责任的基础

为了法人自身利益，或者以法人的名义实施犯罪的，在符合以下条件时，法人应当负刑事责任：

（一）实施犯罪之目的，系来自于法人管理层或者监管层的决定、命令或者许可的；

（二）法人管理层或者监管层对法人中的自然人犯罪者有影响力，或者促使其实施犯罪的；

（三）法人处置通过非法手段所获得之财产的，或者非法使用通过犯罪活动所获得的物品的；

（四）法人管理层或者监管层未能切实履行对其员工的监督管理义务的。

第一百二十五条 法人刑事责任的限制

在符合本法典第一百二十四条（法人刑事责任的基础）的情况下，即使法人中的自然人不负刑事责任，也不能因此而排除法人的刑事责任。

法人承担刑事责任的同时，并不能因此而免除法人中的自然人犯罪者的刑事责任。

如果法人中的自然人犯罪者系出于过失心态而实施犯罪的，在符合本法典第一百二十四条（法人刑事责任的基础）第（四）项的情况下，法人应当负刑事责任，但是可以从宽予以处罚。

如果在法人中，除了自然人犯罪者之外，没有其他人或者组织能够对自然人犯罪者进行指导或者监督，则法人应当在该自然人犯罪者自身刑事责任的范围之内，承担相应的刑事责任。

第一百二十六条 法人地位发生改变时的法人刑事责任

无论犯罪实施时间是在法人破产之前还是在破产同时，处在破产状态中的法人仍然应当承担刑事责任。但是，不能对已经处于破产状态的法人施加刑罚，而只能对其适用对物没收的保安处分措施或者没收犯罪的财产收益。

在法院判决生效前法人就已经不存在，并且在刑事诉讼过程中对该法人也确定了相应的刑事责任时，如果该法人的继承者的管理层或者监管层在该法人不存在前就已经知道上述法人犯罪的事实，则应当对该法人的继承者适用刑罚或者其他刑事制裁措施。

对于已被定罪的法人的继承者而言，如果其管理层或者监管层已经知道了该法人犯罪的事实，则应当对其适用对物没收的保安处分措施，或者没收犯罪的财产收益。

如果刑事诉讼结束之前法人就停止存在了，则应当对其适用本条第二款及第三款中的刑事制裁措施。

第一百二十七条　法人犯罪未遂的刑事责任

当法人已经着手实施某种犯罪，但是犯罪行为并未完成时，如果法律规定该种犯罪应处罚犯罪未遂的，根据本法典第一百二十四条（法人刑事责任的基础）之规定法人应当承担刑事责任。

法人犯罪未遂的，可以比照犯罪既遂从宽处罚。

如果在法人的管理层或监管层阻止下，已经着手实施的法人犯罪未能完成的，则可以对该法人免予处罚。

第一百二十八条　法人连续犯中的刑事责任

如果基于相同的原因，由法人中的数个自然人犯罪者实施了数个同种类型或者时间紧密关联犯罪的，则法人应当如同实施了一个犯罪一样，承担刑事责任。

第一百二十九条　法人共同犯罪

如果两个或者两个以上法人共同参与实施法人犯罪行为的，根据本法典第一百二十四条（法人刑事责任的基础）之规定，每个法人都应当承担刑事责任。

如果不同法人之间在实施本条第一款之犯罪时存在共谋关系，则每个法人应当视同单独的法人犯罪而承担刑事责任。

第一百三十条　法人犯罪的从宽或者免予处罚

如果法人的管理层或者监管层出于自愿，主动报告犯罪事实的，法院可以从宽处罚。

如果法人的管理层或者监管层，在法人犯罪实施之后，决定返还非法所得，或者消除有害影响，或者告知有关其他法人实施犯罪的相关信息的，法院可以对其免予处罚。

第一百三十一条　法人犯罪的刑罚

法人犯罪的，可以对其适用以下刑罚：

（一）罚金；

（二）没收财产；

（三）法人解散。

第一百三十二条　法人犯罪的罚金

法人犯罪的，法院可以对其适用五千波黑可兑换马克至五百万波黑可兑换马克的罚金。

如果在实施犯罪过程中，法人造成了他人财产损失的，或者获得了非法财产收益的，法院则可以对其判处财产损失或者非法财产收益两倍的罚金。

如果到了判决所确定的最终截止日期，罚金还尚未缴纳的，法院则应当立即启动强制执行程序。

第一百三十三条　没收财产

法人实施法定刑五年或者五年以上之犯罪的，法院可以对其适用没收财产的刑罚。

法院可以对法人适用没收一半财产、没收主要财产或者没收全部财产的刑罚。

如果因为对法人适用没收财产导致该法人破产的，债权人可以针对被没收的财产提出相应的权利要求。

第一百三十四条　法人解散

如果法人成立后，其全部活动或者部分活动之目的是实施犯罪行为，则法院可以对其适用法人解散的刑罚。

在适用法人解散刑罚时，法院还可以同时对法人适用没收财产的刑罚。

在适用法人解散刑罚时，法院还应当启动公开的清算程序。

债权人可以从被适用法人解散的刑罚的法人财产中获得赔偿。

第一百三十五条　法人犯罪的刑罚裁量

在对法人犯罪裁量具体刑罚时，法院除了应当遵守本法典第四十八条（量刑的基本原则）之规定外，还应当考虑法人的财产状况。

在对法人犯罪裁量具体刑罚时，如果法院在适用罚金刑之外，还适用了没收财产的刑罚，则只能没收法人一半以下的财产。

第一百三十六条　法人犯罪缓刑的适用

法院可以对犯罪的法人适用缓刑，以替代罚金刑。

法院在对犯罪的法人适用不超过一百五十万波黑可兑换马克的罚金刑时，可以对该罚金刑宣告适用缓刑。同时法院还应当决定，如果该犯罪的法人在一年至五年的考验期内没有重新犯罪，则该罚金刑将不予执行。

第一百三十七条　法人犯罪保安处分的适用

除了本法典第七十四条（对物没收）保安处分措施之外，对犯罪的法人还可以适用以下保安处分措施：

公开判决；
禁止实施某种活动。

第一百三十八条　公开判决

如果判决的公开能够有助于让社会公众了解判决的内容，尤其是有助于消除犯罪对人民生活或健康所带来的内心恐惧，提升公共交通安全，或者保护或鼓励社会价值观念，则法院应当适用公开判决的保安处分措施。

在充分考虑某种犯罪行为所产生的社会影响的前提下，法院应当认真评估让社会公众了解判决内容的必要性，在纸质媒体、广播电台、电视台上或者在前述几种媒体上同时公开的必要性，以及是全部公开还是仅公开其摘要部分。法院应当确保所有和该判决有利害关系的人员，都能够见到被公开的判决。

第一百三十九条　禁止实施某种活动

在对犯罪的法人适用禁止实施某种活动的保安处分措施时，法院可以禁止该法人制造某种产品，禁止涉足某种商业领域，禁止从事某种商品贸易行为，或者禁止实施其他商业行为。

如果被判处某罪的法人有可能继续实施某些能够威胁人们生命或肢体安全、危害他人经济或财务运营或损害国民经济的犯罪行为的，或者该法人在实施犯罪的前两年之内，曾经因为实施过和该罪相同或相似的犯罪而被法院判处过刑罚的，法院可以对该法人适用本条第一款所规定的保安处分措施。

本条第一款所规定的保安处分措施的适用期限为六个月至五年，从判决生效之日起开始计算。

第一百四十条　没收法人犯罪的收益

如果法人通过犯罪活动获取了非法所得的，则法院应当对其判处没收法人犯罪的收益。

第一百四十一条　法人定罪的法律后果

法人定罪后将会发生以下法律后果：

（一）禁止从事基于外国政府许可、授权或者同意才能有资格从事的工作；

（二）禁止从事基于波斯尼亚和黑塞哥维那政府许可、授权或者同意才能有资格从事的工作。

即便对犯罪的法人适用了罚金刑，法人定罪的法律后果仍然会发生。

第一百四十二条　法人犯罪的追诉时效及行刑时效

本法典第十四条（追诉时效的法定期限）对于法人犯罪的追诉时效同样也能适用。

法院对犯罪的法人所判处之刑罚，从生效判决宣告之日起，经过下列期限不再执行：

（一）被判处罚金刑的，从判决生效之日起满三年的；

（二）被判处没收财产及法人解散刑罚的，从判决生效之日起满五年的。

法院对犯罪的法人所判处的保安处分措施，从生效判决宣告之日起，经过下列期限不再执行：

（一）从判决生效之日起满六个月的；

（二）适用禁止从事某种活动的保安处分的行刑时效和该保安

处分所确定的具体适用期限一致。

第一百四十三条　法人犯罪的其他法律规定

除了本刑法典之外，波斯尼亚和黑塞哥维那的其他法律也可以设置法人犯罪。

第一百四十四条　法人犯罪的具体刑罚规定

就自然人所实施的法定刑为罚金或三年以下监禁刑的犯罪而言，如果法人实施该犯罪，则应当被判处不超过八十五万波黑可兑换马克的罚金，或者不超过给他人所造成的财产损失或者非法所得十倍以下的罚金。

就自然人所实施的法定刑三年以上监禁刑的犯罪而言，如果法人实施该犯罪，则法人应当被判处不超过二百五十万波黑可兑换马克的罚金，或者不超过给他人所造成的财产损失或者非法所得二十倍以下的罚金。

就自然人所实施的法定刑五年以上监禁刑的犯罪而言，如果法人实施该犯罪，则法院可以适用没收财产的刑罚替代对法人所适用的罚金刑。

就本条第一款所规定的犯罪而言，在符合本法典第一百三十四条（法人解散）的情况下，法院可以适用法人解散的刑罚替代对法人所适用的罚金刑。

分　则

第十五章　针对公民个人自由和基本人权的犯罪

第一百四十五条　侵犯公民个人平等权罪

在波斯尼亚和黑塞哥维那境内机关中任职的公职人员或者责任人员，基于人种、肤色、民族或种族归属不同，或者基于宗教、政治、信仰、性别、性取向、语言、教育、社会地位、社会出身等方面差异的背景，剥夺或限制波斯尼亚和黑塞哥维那宪法、波斯尼亚和黑塞哥维那批准之国际协议、波斯尼亚和黑塞哥维那其他法律规章所赋予公民个人之基本权利的，或者基于上述差异或者背景，对公民个人提供某种不正当特权或者提供某种不正当关照的，处六个月以上五年以下监禁。

在波斯尼亚和黑塞哥维那境内机关中任职的公职人员或者责任人员，违反波斯尼亚和黑塞哥维那关于本国公民或在波斯尼亚和黑塞哥维那生活的其他国家公民平等使用语言及字母的法律规定，在这些公民在向波斯尼亚和黑塞哥维那的国家机关或组织、商业组织或者其他法人主张权利时，剥夺或限制其使用民族语言或字母的权利的，处罚金或者一年以下监禁。

在波斯尼亚和黑塞哥维那境内机关中任职的公职人员或者责任人员，剥夺或者限制公民在波斯尼亚和黑塞哥维那境内在同等条件下雇佣自由的权利的，处六个月以上五年以下监禁。

第一百四十五条之一　煽动民族、种族、宗教仇恨、不和谐或者敌意罪

在波斯尼亚和黑塞哥维那本国公民中，或者在波斯尼亚和黑塞哥维那生活的其他国家公民中，公然煽动或激化民族、种族、宗教仇恨、不和谐或者敌意的，处三个月以上三年以下监禁。

滥用公职或者职权实施本条第一款之罪的，处一年以上十年以下监禁。

第一百四十五条之二　毁损或破坏宗教设施罪

故意毁损或破坏宗教设施的，或者导致其无法正常使用的，处六个月以上五年以下监禁。

第一百四十六条　阻止难民遣返及安置罪

使用暴力、严重胁迫，或者使用其他非法方法，大范围或者以产生较大影响的方式，阻止难民或者被安置人员返回其原居住地的，或者使用难民们自 1991 年敌对状态时被剥夺的财产的[1]，处一年以上十年以下监禁。

以聚众形式实施本条第一款所规定的犯罪行为的，处三年以上监禁。

---

[1] 1991 年 6 月起，南斯拉夫社会主义联邦共和国开始解体。此后，在 1991 年下半年，波黑境内穆族、塞族和克族三个主要民族就波黑前途发生严重分歧：穆族主张独立，建立统一的中央集权国家；克族也主张独立，但希望建立松散的联邦制国家；塞族则坚决反对独立。三方因此而逐渐呈现出日益激化的敌对状态，也因此而直接引发了 1992 年波黑内战。战争爆发后，大量难民背井离乡，出逃境外。——译者注

组织或者指挥一定数量的民众实施本条第一款所规定的犯罪行为的，处五年以上监禁。

第一百四十七条　非法拘禁罪

在波斯尼亚和黑塞哥维那境内机关中任职的公职人员或者责任人员，非法拘捕他人，使他人处于持续关押状态，或者以其他非法方式限制其行动自由的，处罚金或者三年以下监禁。

非法拘禁他人的时间超过三十天的，或者以残忍之方式实施的，或者由于非法拘禁行为而严重损害被害人身体健康的，或者造成其他严重后果的，处二年以上八年以下监禁。

非法拘禁他人，并因此导致其死亡的，处五年以上监禁。

第一百四十七条之一　非法窃听窃录罪

在波斯尼亚和黑塞哥维那境内机关中任职的公职人员或者责任人员，未经授权而使用特殊器械，窃听公民个人的不欲让其他人知晓之陈述、对话或通知的，或者对上述对话、陈述或通知进行录音的，或者使得其他无权获知被窃听或录音的上述对话、陈述的人员知晓上述对话、陈述的，或者未经授权而窃听或者录制他人计算机系统中的信息的，处六个月以上五年以下监禁。

在波斯尼亚和黑塞哥维那境内机关中任职的公职人员或者责任人员，未经公民个人同意或承诺，擅自对其进行拍照、录像或制作其他记录的，或者将上述记录直接传递给第三方的，或者向第三方显示上述记录的，或者使得第三方以其他方法获得上述记录的，按照本条第一款之规定予以处罚。

第一百四十八条　侵犯公民申诉权及请愿权罪

在波斯尼亚和黑塞哥维那境内机关中任职的公职人员或者责任人员，滥用其公职或职权，阻止他人行使申诉、抗议、请求、请愿或者控诉权的，处三年以下监禁。

第一百四十九条　非法使用个人信息罪

在波斯尼亚和黑塞哥维那境内机关中任职的公职人员或者责任人员，未经他人同意，违反法律规定收集、处理或者使用他人信息的，或者以违背上述信息收集最终目的之方式使用该信息的，处罚金或者六个月以下监禁。

第一百四十九条之一　非法扣押他人身份证件罪

以限制他人行动自由，或者对他人施加压力为目的，非法扣押他人身份证件或者旅游签证的，处六个月以上五年以下监禁。

第一百五十条　侵犯选举权罪

受委托负责从事波斯尼亚和黑塞哥维那国家机关的相关选举活动的人员，以阻止他人行使投票权为目的，非法使其无法进行投票人登记的，或者将其名字从投票人登记册中删除的，或者以其他非法手段阻止或妨碍其行使投票权利的，处罚金或者三年以下监禁。

第一百五十一条　侵犯投票人自由决策罪

在波斯尼亚和黑塞哥维那国家机关有关的选举活动中，或者在罢免波斯尼亚和黑塞哥维那国家机关中有关代表的投票中，或者在波斯尼亚和黑塞哥维那境内组织的全民公决投票中，向投票人使用暴力、严重威胁投票人、贿赂投票人或利用其不利的经济地位，或者以其他非法手段，迫使或者阻止投票人投票支持或者反对某一特定被选举人或者某一组被选举人的，或者迫使、阻止投票人支持或者反对某一罢免案的，或者迫使、阻止投票人支持或者反对某一全民公决的议案的，或者迫使投票人在上述选举活动不投票的，处罚金或者三年以下监禁。

选举委员会成员或者受委托负责选举、投票、全民公决事务的人员，犯本条第一款之罪的，处六个月以上五年以下监禁。

第一百五十二条　选举欺诈罪

在波斯尼亚和黑塞哥维那国家机关有关的选举活动中，或者在罢免波斯尼亚和黑塞哥维那国家机关中有关代表的投票中，或者在波斯尼亚和黑塞哥维那境内组织的全民公决投票中，重复投票的，或者以他人名义投票的，处三个月以上五年以下监禁。

第一百五十三条　侵犯投票秘密罪

在波斯尼亚和黑塞哥维那国家机关有关的选举活动中，或者在罢免波斯尼亚和黑塞哥维那国家机关中有关代表的投票中，或者在波斯尼亚和黑塞哥维那境内组织的全民公决投票中，侵犯投票秘密的，处罚金或者六个月以下监禁。

使用暴力、严重胁迫或者其他非法方法，要求公民公开给谁投票或者如何投票，或者是否赞成或反对罢免投票的情况的，处罚金或者一年以下监禁。

选举委员会成员或者受委托负责选举、投票或者全民公决事务的人员，犯本条第一款之罪的，处罚金或者三年以下监禁。

第一百五十四条　伪造选举结果罪

以增加、删减或者取走选票或签名的方式，或者以不精确地计算选票的方式，或者以针对选举文件制作虚假记录的方式，或者以其他方式篡改与波斯尼亚和黑塞哥维那国家机关有关的选举结果的，或者将与选举情况不相符的选举或投票结果作为最终结果而发布的，处六个月以上五年以下监禁。

第一百五十五条　破坏选举文件罪

在波斯尼亚和黑塞哥维那国家机关有关的选举活动中，或者在罢免波斯尼亚和黑塞哥维那国家机关中有关代表的投票中，或者在波斯尼亚和黑塞哥维那境内组织的全民公决投票中，毁损、隐匿、破坏、取走与选举或罢免有关的文件，或者其他被用于选举和罢免活动的物品的，处六个月以上五年以下监禁。

第一百五十五条之一　在任命过程中作出虚假陈述罪

行为人以欺骗有权发布任命的机构或者波斯尼亚和黑塞哥维那国会下议院或其相关机构为目的，在其被任命为波斯尼亚和黑塞哥维那部长会议主席、部长或者副部长时，或者在依照法律规定而对上述任命所进行的批准过程中，用文字形式或者以口头形式对其任命时按照法律或者其他规章要求必须由其提供的履职情况信息或数据作出了虚假陈述的，以及因此而隐瞒了或者改变了作出任命或者批准任命所依据的重要事实的，处三年以下监禁。

行为人在最终任命文件发布之前，出于自愿撤回其虚假宣告的，处罚金或者六个月以下监禁，也可以免予处罚。

第十六章　针对波斯尼亚和黑塞哥维那完整性的犯罪

第一百五十六条　侵犯宪法秩序罪

使用暴力或者以使用暴力为威胁，企图改变波斯尼亚和黑塞哥维那宪法秩序的，或者企图推翻其最高国家机关的，处五年以上监禁。

第一百五十七条　危及领土完整罪

使用暴力或者以使用暴力为威胁，企图割让波斯尼亚和黑塞哥维那部分领土的，或者企图将其部分领土与其他国家合并的，处五年以上监禁。

第一百五十八条　阻止对敌作战罪

波斯尼亚和黑塞哥维那公民在战争或者武装冲突期间，阻止波斯尼亚和黑塞哥维那本国公民或者其盟国公民参加对敌作战的，处一年以上十年以下监禁。

第一百五十九条　在敌军中服役罪

波斯尼亚和黑塞哥维那公民在战争或者武装冲突期间，参加敌人军队或者武装组织的，或者作为战斗人员参加针对波斯尼亚和黑塞哥维那或者其盟国的战争或武装冲突的，处三年以上监禁。

征募波斯尼亚和黑塞哥维那公民参加敌人军队或者武装组织的，或者征募波斯尼亚和黑塞哥维那公民作为战斗人员参加针对波斯尼亚和黑塞哥维那或者其盟国的战争或武装冲突的，处五年以上监禁。

第一百六十条　援助敌人罪

波斯尼亚和黑塞哥维那公民在战争期间，以强制性压制人民的方式援助敌人的，处一年以上十年以下监禁。

波斯尼亚和黑塞哥维那公民在战争期间，以政治或者经济合作方式援助敌人的，处三年以上监禁。

第一百六十一条　损害军事及国防力量罪

以削弱波斯尼亚和黑塞哥维那国防力量为目的，破坏或者致使国防装备、国防物品、阵地、武器及其他军事或者国防器具无法正常使用的，或者将其移交给敌军的，或者导致军队投降敌军的，或者出于同样之目的妨害、危及军事、国防设施的，处三年以上监禁。

获得用于实施本条第一款犯罪的工具的，处一年以上十年以下监禁。

第一百六十二条　武装叛乱罪

参加旨在危害波斯尼亚和黑塞哥维那宪法秩序或者推翻波斯尼亚和黑塞哥维那最高国家机关的武装叛乱的，处三年以上监禁。

组织或者指挥本条第一款所规定的任何规模的武装叛乱的，处五年以上监禁。

获得用于实施本条第一款犯罪的工具的，处一年以上十年以下监禁。

第一百六十二条之一　非法创建军事力量罪

违反《波斯尼亚和黑塞哥维那国防法》或者其他有关波斯尼亚和黑塞哥维那在武装力量中服役方面的法律[1]，在波斯尼亚和黑塞哥维那境内组织、训练、装备或者招募武装部队的，处五年以下监禁。

以某种方式指挥他人实施本条第一款中的犯罪行为的，按照本条第一款之规定予以处罚。

明知波斯尼亚和黑塞哥维那境内的某一支武装部队是以违反《波斯尼亚和黑塞哥维那国防法》或者其他有关波斯尼亚和黑塞哥维那在武装力量中服役方面法律的方法而被组织、训练、装备或者招募起来的，却以某种方式加入该武装部队的，处三年以上监禁。

获得用于实施本条第一款犯罪的工具的，处一年以上十年以下监禁。

第一百六十二条之二　非法组建或者加入外国准军事或准警察机构罪

违反《波斯尼亚和黑塞哥维那国防法》或者其他有关波斯尼亚和黑塞哥维那在武装力量中服役方面的法律，组织、指挥、训练、装备或者招募个人、群体，并意图使其加入在波斯尼亚和黑塞哥维

[1] 2003年12月，首部《波斯尼亚和黑塞哥维那国防法》颁布，决定在国家层面组建国防部。2005年10月，《波斯尼亚和黑塞哥维那国防法（修正案）》和《波斯尼亚和黑塞哥维那兵役法》颁布，决定组建全国统一的职业化军队。波黑主席团为波黑武装力量最高统帅，波黑国防部为波黑最高军事领导机构，波黑议会在其职责范围内对军队实施监督。——译者注

那境外活动的外国军事、准军事、准警察机构的，处五年以上监禁。❶

明知是本条第一款中的外国军事、准军事、准警察机构，却以某种方式加入该武装部队的，处三年以上监禁。

为了实施本条之犯罪，获取或者提供可操作性装备、消除障碍、制订计划、伙同他人签订协议、招募其他人员或者从事其他有助于实施本条之犯罪的行为的，处一年以上十年以下监禁。

在大众媒体上公然散布或者以其他方式向公众散布信息，意图煽动他人实施本条之罪的，处三个月以上三年以下监禁。

本条第一款所称的犯罪人，在其实施犯罪之前，向有关机关揭发该犯罪组织的，或者阻止该组织实施犯罪行为的，处六个月以上三年以下监禁，也可以免予处罚。

本条之规定，不适用于已经在波斯尼亚和黑塞哥维那所承认的国家中获得合法公民权且在该国从事军事或者警察职业的人员，也不适用于在由联合国承认并依法组建的受多国联合控制的军事组织中供职的人员。

第一百六十三条　间谍罪

将秘密信息泄露或移交给外国政府、组织的，将秘密信息泄露或移交给为外国政府、组织服务的人员的，使得外国政府、组织或者为外国政府、组织服务的人员获取该秘密信息的，处一年以上十年以下监禁。

为了外国政府或者组织的利益，在波斯尼亚和黑塞哥维那境内

❶　该法条之设置目的在于将波黑的武装力量控制在穆克联邦及塞族共和国所认可的合法军事及准军事机构之下。——译者注

建立旨在危害波斯尼亚和黑塞哥维那国家利益的情报机构的，以及操作运转该情报机构的，处五年以上监禁。

参加外国情报机构为其搜集情报的，或者以其他方法为外国情报机构提供帮助的，处一年以上十年以下监禁。

以将秘密信息泄露或移交给外国政府、组织或者为外国政府、组织服务的人员为目的，搜集秘密信息的，处一年以上十年以下监禁。

获得用于实施本条第一款及第二款犯罪的工具的，处一年以上十年以下监禁。

第一百六十四条　泄露秘密信息罪

被授权对秘密信息进行分类管理的人员，能够接触秘密信息的，在波斯尼亚和黑塞哥维那国家机关供职的公职人员、责任人员或者在波斯尼亚和黑塞哥维那军队供职的军人，以及未被授权获取秘密信息的人员，将其所掌握的秘密信息发送、传递或者以其他方式使得第三人知晓的，或者以让无权接触该秘密信息者知晓为目的而获取秘密信息的，处六个月以上五年以下监禁。

以未经授权而使用为目的，非法获取秘密信息的，或者未经许可将秘密信息发送、传递或者以其他方式使得第三人知晓的，或者明知某一证据或者法律文件中包含秘密信息，但却将上述证据或法律文件发送、传递或者以其他方式使得第三人知晓的，或者居间促成上述证据或者法律文件被发送、传递，或者以其他方式使得第三人知晓的，也应当按照本条第一款之规定予以处罚。

犯本条第一款及第二款之罪，如果具备以下情节的，处一年以上十年以下监禁：

（一）出于贪婪目的；

（二）涉案的秘密信息被法律确定为“严格保密”的，或者达到“机密”程度的，或者属于“国家秘密”的，或者属于“绝密”的；

（三）意图将秘密信息发送、传递或以其他方式扩散到波斯尼亚和黑塞哥维那境外的，或者意图将该信息在波斯尼亚和黑塞哥维那境外使用的。

依照秘密信息保护法律规范，对秘密信息履行分类管理职责的人员或者能够接触到该秘密信息的人员，犯本条第一款及第三款之罪的，应当按照以下规定予以处罚：

（一）犯本条第一款之罪的，处三年以上监禁；

（二）犯本条第三款之罪的，处五年以上监禁。

在战争期间、在战争威胁迫近期间、在国家处于紧急状态期间或者在交战命令或武装军事力量动员期间，犯本条第一款、第二款及第三款之罪的，处五年以上监禁。

如果行为人系因为过失而犯本条第一款及第四款之罪的，应当按照以下规定予以处罚：

（一）犯本条第一款之罪的，处罚金或者三年以下监禁；

（二）犯本条第四款之罪的，处三个月以上三年以下监禁。

就本条第六款之规定而言，如果犯罪人的犯罪行为所涉及的秘密信息被法律确定为“严格保密”的，或者达到“机密”程度的，或者属于“国家秘密”的，或者属于“绝密”的，处六个月以上五年以下监禁。

曾在波斯尼亚和黑塞哥维那国家机关供职但后来已经离职的公职人员、责任人员，或者曾在波斯尼亚和黑塞哥维那军队供职但后来退役的军人，或者曾经被授权对秘密进行分类或者能够接触秘密信息但是后来授权被取消的人员，在未经许可的情况下，将其在职期间所掌握的秘密信息发送、传递或者以其他方式使得第三人知晓的，也应当按照本条第一款、第三款、第四款、第五款、第六款、第七款之规定予以处罚。

当行为人公开了某些内容包含违背波斯尼亚和黑塞哥维那宪法秩序的秘密信息，或者居间促成了上述秘密信息的公开，但是其意图是让民众知晓在组织、履行或者管理等公务活动中存在着违规现象，或者其意图是向民众披露某些违背宪法秩序或者国际协定的事实，如果这些秘密信息的公开不会对波斯尼亚和黑塞哥维那产生实质性的危害后果，则将这些秘密信息公开的行为不会构成犯罪。

第一百六十五条 向波斯尼亚和黑塞哥维那派遣、转运武装团体、装备、弹药罪

向波斯尼亚和黑塞哥维那境内派遣、转运武装团体、恐怖分子、间谍、侵袭者、武器、爆炸物、毒药、装备、弹药或者其他用以实施本章之犯罪之物品的，处一年以上十年以下监禁。

第一百六十六条 向波斯尼亚和黑塞哥维那境内输入危险物质罪

违反波斯尼亚和黑塞哥维那法律规章，向波斯尼亚和黑塞哥维那输入放射性物质或者其他有害于人类生命及健康的物质或废料的，处罚金或者三年以下监禁。

滥用公职或职权，违反波斯尼亚和黑塞哥维那法律规章，使得放射性物质或者其他有害于人类生命及健康的物质或废料得以被输入波斯尼亚和黑塞哥维那境内的，处六个月以上五年以下监禁。

第一百六十七条　刺杀波斯尼亚和黑塞哥维那最高国家机关官员罪

以危及波斯尼亚和黑塞哥维那宪法秩序和国家安全为目的，剥夺波斯尼亚和黑塞哥维那最高国家机关中在任官员生命的，或者剥夺已经离任的波斯尼亚和黑塞哥维那主席团成员、波斯尼亚和黑塞哥维那部长会议主席、波斯尼亚和黑塞哥维那国会上下两院议长、波斯尼亚和黑塞哥维那宪法法院院长、波斯尼亚和黑塞哥维最高法院院长、波斯尼亚和黑塞哥维那总检察长生命的，处十年以上监禁，或者长期监禁。

第一百六十八条　绑架波斯尼亚和黑塞哥维那最高国家机关官员罪

以危及波斯尼亚和黑塞哥维那宪法秩序和国家安全为目的，非法拘捕波斯尼亚和黑塞哥维那最高国家机关中的在任官员，或者使这些官员处于持续关押状态，或者以其他非法方式剥夺或限制这些官员行动自由，意图迫使这些官员或者其他人实施、不实施或者容忍某种行为的，处三年以上监禁。

以危及波斯尼亚和黑塞哥维那宪法秩序和国家安全为目的，非法拘捕波斯尼亚和黑塞哥维那主席团成员、波斯尼亚和黑塞哥维那部长会议主席、波斯尼亚和黑塞哥维那国会上下两院议长、波斯尼亚和黑塞哥维那宪法法院院长、波斯尼亚和黑塞哥维最高法院院长、波斯尼亚和黑塞哥维那总检察长，或者使这些官员处于持续关押状态，或者以其他非法方式剥夺或限制这些官员行动自由，意图迫使这些官员或者其他人实施、不实施或者容忍某种行为的，处五年以上监禁。

第一百六十九条　对最严重犯罪的刑罚

犯本法典中第一百五十六条（侵犯宪法秩序罪）、第一百五十七条（危及领土完整罪）、第一百六十一条（损害军事及国防力量罪）、第一百六十二条（武装叛乱罪）、第一百六十三条（间谍罪）之罪，并因此导致一人或者多人死亡的、危及民众生命的、以严重暴力形式实施的、造成了大范围财产损失的，处十年以上监禁，或者长期监禁。

犯本条第一款之罪时，故意剥夺一人或者多人生命的，处十年以上监禁，或者长期监禁。

第一百七十条　为实施本章之罪而建立团伙或获得工具

为实施本章之犯罪行为而建立某一团伙的，或者获取用于实施本章之犯罪行为的工具的，处三年以上监禁。

第十七章　针对人权和其他受国际法保护的基本权利的犯罪

第一百七十一条　灭绝种族罪

以完全或部分灭绝某一民族、人种、种族或宗教群体为目的，命令实施或者亲自实施下列行为的，处十年以上监禁，或者长期监禁：

（一）对某一群体的成员实施集体屠杀的；

（二）对某一群体的成员身体或精神健康造成严重损害的；

（三）严重恶化某一群体生存条件以致使其群体完全或部分灭绝的；

（四）采取某种措施阻止某一群体人口生育的；

（五）强行将某一群体的儿童迁入其他群体的。

第一百七十二条　反人类罪

明知有平民群体的存在，而向平民群体发动以下大规模或系统攻击的，处十年以上监禁，或者长期监禁：

（一）杀害他人的（谋杀）；

（二）灭绝人口的；

（三）奴役他人的；

（四）驱逐或者强制迁徙人口的；

（五）违反国际法基本准则，监禁他人或者严重剥夺他人身体自由的；

（六）实施酷刑的；

（七）实施强奸、其他强制性行为，强迫卖淫，强迫怀孕，强制绝育，或者实施具有同样危害性的性暴力行为的；

（八）基于对政治、人种、民族、种族、文化、宗教或者性取向方面具有认同性或者整合性的群体之歧视，或者基于其他为国际法所广泛难以认同的理由，通过实施本条中的犯罪行为或者本法典中的犯罪行为，或者由波斯尼亚和黑塞哥维那法院判决所确定的犯罪行为，对上述群体予以迫害的；

（九）实施强迫失踪行为的；

（十）实施种族隔离行为的；

（十一）故意实施其他同样不人道的行为，并因此会导致受害人承受巨大痛苦，对其身体造成严重伤害的。

就本条第一款之规定而言，其相关术语的具体含义应当作如下理解：

（一）“针对平民群体的攻击”，是指在针对平民群体实施本条第一款中的多种犯罪行为时，是在某一国家的促使下或者某一政治派别的影响下，对该平民群体实施攻击的；

（二）“灭绝人口”行为包括故意使得民众的生活状况恶化，尤其是通过剥夺其获得食物或药品的途径，有计划地造成部分民众死亡的；

（三）“奴役”，是指对某一个人，以其主人的身份行使其对该个人的所谓部分或者全部所有权，也包括对被走私的人口进行控制，尤其是对妇女和儿童进行控制；

（四）“驱逐或者强制迁徙人口”，是指在没有任何国际法依据的情况下，强行驱逐或者使用其他暴力行为强迫民众从其合法居住地离开的；

（五）“酷刑”，是指行为人或者行为人指使在其监管下的他人故意对被羁押中的人施加剧烈的生理上或者心理上的痛苦和折磨。但是，酷刑并不包括纯因法律制裁所固有或附带的疼痛或痛苦；

（六）“强迫怀孕”，是指以改变某一平民群体的种族构成比例为目的，或者以执行其他严重违反国际法的侵权行为为目的，非法羁押并且强迫使妇女受孕的；

（七）“迫害”，是指基于对某一具有认同性或者整合性的平民群体之歧视，违反国际法之规定，故意严重地剥夺民众的基本人权的；

（八）“强迫失踪”，是指在某一国家、政府组织的许可、支持或者纵容下，实施逮捕、羁押或者绑架他人的行为，致使失踪者长期不能得到法律的保护。并且在此后拒不承认上述人员被剥夺自由之事实，或者封锁上述人员生存状况之相关信息，或者拒不透露其被关押之地点；

（九）“种族隔离”，是指在某种已经形成制度化的政体中，发布命令实施一个种族对另一个种族或者另外一些种族的压迫和统治，从而导致本条第一款所规定的不人道的犯罪得以实施的，或者通过实施与这些犯罪相类似的手段从而维持上述政权（种族隔离）之存在。

第一百七十三条　针对平民的战争罪

违反国际法规则，在战争、武装冲突或者军事占领期间，发布命令实施以下行为，或者自己亲自实施以下行为的，处十年以上监禁，或者长期监禁：

（一）攻击全体平民、居民区、某些平民或失去作战能力的人员，并因此造成人员死亡、严重身体伤害，或者对人们的健康造成严重损伤的；

（二）不加选择地进行攻击，并因此伤及平民的；

（三）对平民实施屠杀、故意使其遭受严重的生理或心理痛苦、拷打、非人道行为的，或者对其进行生物、医疗或其他科学实验的，或者以移植为目的取走其组织或器官的，或者严重损害平民身体完整性或健康的；

（四）强迫平民迁徙或在其他地方定居，或者强迫剥夺平民国民资格的，或者强迫平民信仰其他宗教的；

（五）实施强奸、其他强制性行为，强迫卖淫，实施恐怖措施，绑架人质，执行集体惩罚，非法将平民送往集中营以及对其实施非法逮捕的，或者剥夺平民应当受到适当及公正审判之权利的，或者强迫平民为敌人武装力量、情报部门或行政机关提供服务的；

（六）强迫平民劳动的，或者使平民忍受饥饿的，或者没收或劫掠平民财产的，或者在没有军事需要的情况下非法任意破坏或盗取大量平民财产的，或者向平民非法及过度索取捐税或实施征用的，或者使国内货币贬值或非法发行货币的。

违反国际法规则，在战争、武装冲突或军事占领期间，发布命令实施以下行为或者自己亲自实施以下行为，按照本条第一款之规定予以处罚：

（一）攻击受到国际法所特别保护的目标的，或者攻击具有危险能量的目标或者设施，诸如水坝、堤岸、核电站的；

（二）不加选择地攻击受到国际法所特别保护的民用目标，以及不设防地区及非军事区的[1]；

（三）发动导致对自然环境造成大规模及长期损害的，以及可能严重损害平民的生存或健康的攻击的。

作为军事占领者，在战争、武装冲突或军事占领期间，违背国际法规则，发布命令让占领国平民在被占领领土上重新定居的，或者执行让占领国平民在被占领领土上重新定居之命令的，处十年以上监禁，或者长期监禁。

第一百七十四条　针对伤者和病者的战争罪

违反国际法规则，在战争或军事冲突期间，发布命令实施或者自己亲自实施针对伤病人员、遇难人员、医疗人员、宗教人员的以下行为的，处十年以上监禁，或者长期监禁：

（一）剥夺他人生命（屠杀）、故意让他人承受剧烈的生理或者心理上的痛苦或折磨（酷刑）、非人道处置、进行生物或医疗或其他科学实验的，或者为进行移植而取出上述人员的身体组织或器官的；

---

❶ 军事意义上的不设防地区，系指交战国政府本着人道主义保护平民并保护文物古迹不被毁灭为宗旨，不构筑战备工事、部署武装力量和组织防务的地区，在战争期间，交战国政府在作出不设防地区的宣告后，该地就将奉行不抵抗原则，守军撤出并自动放弃城市的控制权。国际战争法保护不设防地区，比如“二战”时期的巴黎及罗马就因此而摆脱了战火的攻击。1907年《海牙第四公约》附件第二十五条规定，禁止以任何手段攻击或轰击不设防的城镇、村庄、住所或建筑物。《海牙第九公约》禁止海军轰击未设防的城市、海港、村庄、房屋及建筑。1977年《日内瓦四公约第一附加议定书》，重申禁止冲突各方以任何手段攻击不设防城市。该议定书还规定了不设防城市的认定条件：（1）所有战斗人员以及机动武器和机动军事设备必须已经撤出；（2）固定军事装置或设施应不用于敌对目的；（3）当局或居民均不应从事任何敌对行为。对此可参见：熊武一，周家法．军事大辞海［M］．南京：长城出版社，2000：266.——译者注

（二）造成他人身体完整性或者身体健康的严重伤害的；

（三）在没有军事需要的情况下，非法任意破坏或大量侵占医疗机构及宗教机构中用于医疗的物资、运输工具或给养的。

第一百七十五条　针对战俘的战争罪

违反国际法规则，发布命令实施或者自己亲自实施针对战俘人员的以下行为的，处十年以上监禁，或者长期监禁：

（一）剥夺战俘人员生命（谋杀）、故意让战俘人员承受剧烈的生理或者心理上的痛苦或折磨（酷刑）、非人道处置、进行生物或医疗或其他科学实验的，或者为进行移植而取出战俘人员的身体组织或器官的；

（二）造成战俘人员身体完整性或者身体健康的严重伤害的；

（三）强行征募战俘人员为敌人武装力量服务的，或者剥夺其应当受到适当及公正审判之权利的。

第一百七十六条　组建团体煽动实施种族灭族及针对人类的战争罪

组建某一团体，意图实施本法典第一百七十一条（灭绝种族罪）、第一百七十二条（反人类罪）、第一百七十三条（针对平民的战争罪）、第一百七十四条（针对伤者和病者的战争罪）、第一百七十五条（针对战俘的战争罪）的犯罪的，处十年以上监禁，或者长期监禁。

参加本条第一款所规定的团体的，处一年以上十年以下监禁。

本条第一款所规定的团体中的成员，在尚未为该团体的利益实施犯罪之前，向有关机关揭发该团体的，处罚金，或者三年以下监禁，也可以免予处罚。

教唆或者煽动实施本法典第一百七十一条至第一百七十五条之罪的，处一年以上十年以下监禁。

第一百七十七条　非法杀害或者伤害敌军军人罪

在战争或武装冲突期间，违反国际法规则，杀害或伤害已经放下武器、已经无条件投降或者失去任何防御能力的敌军人员的，处一年以上十年以下监禁。

出于自利或其他卑劣动机，以残忍或阴险手段犯本条第一款之罪的，或者因此而造成数人被杀害的，处十年以上监禁，或长期监禁。

在战争或武装冲突期间，违反国际法规则，发布命令对敌方军人实施格杀勿论之行为的，或者依照格杀勿论之目标而与敌方军人进行战斗的，处十年以上监禁，或者长期监禁。

第一百七十八条　在战场上非法获取死伤者物品罪

发布在战场上非法获取死伤者物品的命令的，或者实施上述非法获取死伤者物品行为的，处六个月以上五年以下监禁。

以残忍方式犯本条第一款之罪的，处一年以上十年以下监禁。

第一百七十九条　违反交战规则和惯例罪

在战争或武装冲突期间，发布违反交战规则和惯例的命令，或者自己亲自实施违反交战规则和惯例的行为的，处十年以上监禁，或者长期监禁。

下列行为属于违反交战规则和惯例：

（一）以造成不必要的痛苦为目的，使用毒气或者其他致命性危险物质或者制剂的；

（二）无情地摧毁城市、定居点、乡村，或者在没有任何军事必要的情况下，在上述地点实施破坏和劫掠行为的；

（三）对不设防的城市、定居点、乡村或者建筑进行攻击或者轰炸的；

（四）没收、毁损或者刻意破坏宗教、慈善或者教育、科学、艺术设施，或者历史纪念物，或者其他科学及艺术物品的；

（五）侵占或劫掠公私财物的。

第一百八十条　个人和领导者的刑事责任

计划、命令，或者以其他方式教唆或者帮助计划、实施本法典第一百七十一条（灭绝种族罪）、第一百七十二条（反人类罪）、第一百七十三条（针对平民的战争罪）、第一百七十四条（针对伤者和病者的战争罪）、第一百七十五条（针对战俘的战争罪）、第一百七十七条（非法杀害或者伤害敌军军人罪）、第一百七十八条（在战场上非法获取死伤者物品罪）及第一百七十九条（违反交战法则和惯例罪）的，应当构成犯罪。不会因其是否具有政府首脑或者政府某一部门负责人的官方职务而免除或减少其应负的刑事责任。

如果上级官员已经知道或者有理由应当知道其下属人员准备实施或者已经实施了本法典第一百七十一条至第一百七十五条之犯罪及本法典第一百七十七条至第一百七十九条之犯罪，但未能采取任何必要措施予以制止的，或者未能对下属人员的上述犯罪行为予以处罚的，则不能免除其作为上级官员所应负的刑事责任。

下属人员根据政府命令或者上级官员命令而实施上述犯罪行为的，不能免除其应负的刑事责任。但是，法院可以决定，为了公平起见考虑对其减轻处罚。

第一百八十一条　侵犯战争中休战旗旗手权益罪

在战争或武装冲突期间，违反国际法规则，侮辱、虐待或者拘禁休战旗旗手及其随从的[1]，或者阻止其返回的，或者以其他某种方式侵犯其不可侵犯性的特殊权益的，处六个月以上五年以下监禁。

第一百八十二条　无正当理由阻止战俘遣返罪

在战争或武装冲突结束之后，违反国际法规则，没有正当理由发布命令阻止遣返战俘或平民的，或者执行上述命令的，处六个月以上五年以下监禁。

第一百八十三条　破坏文化及历史纪念物罪

在战争或武装冲突期间，违反国际法规则，破坏文化、历史、宗教纪念物及建筑物的，或者破坏用于进行科学、艺术、教育或慈善、宗教活动的设施的，处一年以上十年以下监禁。

犯本条第一款之罪，并因此致使能够清晰辨认的受国际法所特殊保护的人类文化及精神遗址遭到破坏的，处五年以上监禁。

第一百八十四条　滥用国际标记罪

滥用或未经授权携带联合国机构或者国际红十字会的旗帜徽章

---

❶ “休战旗”系交战国或武装冲突国军队在战斗中用以表示愿与敌对方谈判的白旗。白色休战旗是向敌对方表明持旗人没有害敌意向的标志。1907年海牙《陆战法规和惯例章程》第三十二条的规定：“由交战一方授权与另一方进行联系并持白旗前来的人员应被视为军使。他与随同来的号手或鼓手、旗手和译员均享有不受侵犯的权利。”——译者注

或其他标记，或者其他标示在某种物体上的用于防止军事打击的国际公认标记的，处罚金，或者三年以下监禁。

在战争期间、在战争威胁迫近期间，犯本条第一款之罪的，处六个月以上五年以下监禁。

第一百八十五条　建立奴役关系及走私奴隶罪

违反国际法规则，将他人置于被奴役状态或者类似状态的，或者保持该状态存在的，以及收买、出卖、移交被奴役的人员的，或者居间促成上述买卖、移交的，或者唆使、介绍他人出卖自由的，或者唆使、介绍他人出卖其所照顾的人员自由的，处一年以上十年以下监禁。

以收养、移植器官、剥削劳动或者其他非法目的，违反国际法规则，收买、出卖、移交十八岁以下的人员，或者居间促成上述买卖、移交的，处五年以上监禁。

违反国际法规则，运输处于被奴役状态或者类似状态的人员的，处六个月以上五年以下监禁。

第一百八十六条　跨国贩卖人口罪

使用暴力、以使用暴力相威胁或者使用其他方式的强制行为，诱拐、欺骗或者利用某人对处在弱势地位的他人所具有的职权、影响力或者支配关系，或者以提供或者接受报酬或其他利益而获得对他人有控制力的人员的同意，招募、引诱、运输、转交、隐藏或者接受他人，并且意图使他人在非国籍所在国或者非定居国遭受剥削的，处五年以上监禁。

招募、引诱、运输、转交、隐藏或者接受不满十八岁人员，意图使其在非国籍所在国或者非定居国向他人卖淫、提供其他形式的性服务、强迫其劳动或服务、使其处于被奴役或者相同状态的，或者摘除其器官的，或者遭受其他形式的剥削的，处十年以上监禁。

公职人员利用职务便利，犯本条第一款及第二款之罪的，处十年以上监禁。

意图为实施跨国贩卖人口提供便利，伪造、获取、颁发旅游签证或者身份证件的，或者使用、扣押、持有、改变、毁损、破坏他人旅游签证或者身份证件的，处一年以上五年以下监禁。

接受被跨国贩卖的受害人所提供的服务的，处六个月以上五年以下监禁。

犯本条第一款及第二款之罪，并因此造成本条第一款及第二款中被跨国贩卖的受害人严重精神伤害、严重身体损伤或者死亡后果的，处十年以上监禁，或者长期监禁。

本条第一款中的“剥削”，是指使他人卖淫、提供其他形式的性服务、被强迫劳动或服务、处于被奴役或者相同状态，或者摘除他人器官的，或者其他形式的剥削。

用于实施以上犯罪的物品、交通工具或设施应当予以没收。

即便被跨国贩卖的受害人对于被剥削予以同意，也不影响跨国贩卖人口罪的成立。

如果被跨国贩卖的受害人在犯本条之罪的犯罪人的强迫下，参与了某些与其受害人身份或地位有关联的其他犯罪的，不应受到刑事追诉。

第一百八十六条之一　有组织实施跨国贩卖人口罪

组建或者管理某一旨在共同实施本法典第一百八十六条（跨国贩卖人口罪）的团体或者其他团伙的，处十年以上监禁，或者长期监禁。

参加本条第一款中的团体或团伙的，或者以其他方式为该团体或团伙提供帮助的，处十年以上监禁。

本法典第二百五十条（有组织犯罪）第四款及第五款的规定，也适用于本条第一款所规定的团体或团伙中的参加者。

第一百八十七条　居间跨国卖淫罪

以牟取利益为目的，促成、引诱他人到其非国籍所在国或者非定居国向第三人提供性服务的，或者以向第三人提供性服务为目的转运他人的，或者参与对上述从事卖淫活动者的组织或管理的，处六个月以上五年以下监禁。

本罪中的被害人是否因为受到犯罪人的引诱、强制、暴力、欺骗而实际上从事色情服务的，对于本罪的成立，并无影响。

第一百八十八条　删除

第一百八十九条　偷渡罪

以为自己或者他人牟取利益为目的，非法运输或者使得一人或者多人偷越国境的，或者为实现偷渡之意图而制作、获取、持有伪造的旅游签证或身份证明的，处一年以上十年以下监禁。

招募、引诱、运输、转交、隐藏或者以其他方式使得偷渡的人员得以在波斯尼亚和黑塞哥维那境内逗留的，处六个月以上五年以下监禁。

犯本条第一款及第二款之罪，如果同时具备以下情节的，处三年以上十五年以下监禁：以有组织集团或者有组织犯罪集团方式实施的；公职人员利用职务便利实施的；以危及被贩卖者生命、健康的方式实施的；以使被贩卖者提供剥削性劳动为目的实施的；以其他不人道或者侮辱性手段实施的。

针对十八岁以下的人员犯本条第一款之罪的，应适用本条第三款所规定的刑罚。

犯本条第一款及第二款之罪时，造成一名或多名偷渡人员死亡的，处五年以上监禁。

用于实施犯罪的物品和运输工具应当予以没收。

第一百八十九条之一　有组织实施偷渡罪

组建或者管理某一旨在实施本法典第一百八十九条（偷渡罪）的团体或者其他团伙的，处三年以上监禁。

参加本条第一款中的团体或团伙的，或者以其他方式为该团体或团伙提供帮助的，处一年以上监禁。

本法典第二百五十条（有组织犯罪）的规定，也适用于本条第一款所规定的团体或团伙中的组织者、领导者和参加者。

第一百九十条　实施酷刑和其他残忍及不人道的待遇罪

在波斯尼亚和黑塞哥维那国家机关供职的公职人员，或者在波斯尼亚和黑塞哥维那实际履行公职人员职责的工作人员，或者获得上述两种人员的命令、教唆、明确或者默认许可的其他人员，以从他人或第三人处获得信息或者有罪供述为目的，或者以惩罚他人或第三人所犯之罪或所涉嫌之罪为目的，对他人施加生理上或者精神上痛苦的，或者对他人实施严重的生理上或精神上折磨的，或者基于某方面歧视而对他人实施恐吓或强制的，处六年以上监禁。

在波斯尼亚和黑塞哥维那国家机关供职的公职人员，或者在波斯尼亚和黑塞哥维那实际履行公职人员职责的工作人员，命令、教唆、明确或者默认许可其他人员犯本条第一款之罪的，按照本条第一款之规定予以处罚。

第一百九十条之一　强迫失踪罪

在波斯尼亚和黑塞哥维那国家机关供职的公职人员，或者在波斯尼亚和黑塞哥维那实际履行公职人员职责的工作人员，或者获得上述两种人员的命令、教唆、明确或者默认许可的其他人员，逮捕、羁押或者以其他方式剥夺他人身体自由，或者拒不承认上述人员被剥夺自由之事实或者隐瞒其被关押之地点，从而使其处于不受法律保护状态的，处八年以上监禁。

在波斯尼亚和黑塞哥维那国家机关供职的公职人员，或者在波斯尼亚和黑塞哥维那实际履行公职人员职责的工作人员，命令、教唆、明确或者默认许可其他人员犯本条第一款之罪的，按照本条第一款之规定予以处罚。

如果从上级官员的具体职责来看，其已经知道或者有意识地无视其下属人员准备实施或者已经实施了本条第一款所规定的犯罪，并且其也有义务制止其下属人员实施本条第一款所规定的犯罪，但其却未能在职责权限范围之内采取任何必要措施予以制止的，或者未能向有关当局汇报，应对该犯罪行为启动刑事调查及追诉程序的，处八年以上监禁。

下属人员根据政府命令或者上级官员命令而实施上述犯罪行为的，不能免除其应负的刑事责任。但是，法院可以决定为了公平起见，考虑对其减轻处罚。下属人员拒绝执行实施上述犯罪行为的命令的，不应予以处罚。

第一百九十一条　劫持人质罪

以逼迫波斯尼亚和黑塞哥维那，或者其他国家或国际组织实施或不实施某一行为为目的，并以此作为释放人质的明确或默认条件，非法拘捕、持续羁押或者以其他方式剥夺或者限制他人身体自由的，或者以杀害、伤害、继续拘禁他人相威胁的，处三年以上监禁。

犯本条第一款之罪，并因此造成被劫持人死亡的，处五年以上监禁。

犯本条第一款之罪时，故意杀害被劫持人的，处十年以上监禁，或者长期监禁。

第一百九十二条　侵害应受国际保护人员安全罪

以逼迫应受国际保护的人员实施或不实施某一行为为目的，非法拘捕、持续羁押受国际保护的人员的，或者以其他方式剥夺或者限制其身体自由的，或者对其实施其他暴力行为的，或者攻击其官邸、私人住宅或交通工具并因此危及其人身安全及自由的，处三年以上监禁。[1]

犯本条第一款之罪，并因此造成一人或者多人死亡的，处五年以上监禁。

---

[1] 侵害应受国际保护人员罪是一项公认的国际恐怖主义犯罪。1973 年 12 月 14 日，第二十八届联合国大会第 3166 号决议通过了《关于防止和惩处侵害应受国际保护人员包括外交代表的罪行的公约》（Convention Crimesagainst Internationally Protected Persons，including Diplomatic Agents）。该公约的制定宗旨是：对国家元首、政府首脑、外交代表及其他应受国际保护人员进行保护，并对侵害上述人员的犯罪行为进行惩处。——译者注

犯本条第一款之罪时，故意杀害他人的，处十年以上监禁，或者长期监禁。

以对应受国际保护人员及其官邸、私人住宅或交通工具实施攻击作为严重威胁，并因此危及该名应受国际保护人员安全的，处六个月以上五年以下监禁。

第一百九十三条　非法走私武器、军事装备及军用民用双重用途的制品罪

在未获得依照波斯尼亚和黑塞哥维那法律所颁发的经营许可证的情况下，进口、出口、转运武器或军事装备的，或者从事武器或军事装备的居间贸易的，或者在获取依照波斯尼亚和黑塞哥维那法律所颁发的武器或军事装备的经营许可证的过程中提供虚假证明或者隐瞒了重要事实的，或者未能按照波斯尼亚和黑塞哥维那相关法律规定对所进行的武器及军事装备贸易协定进行登记的，处三年以上监禁。

针对可用于军事用途的制品、软件或者技术，犯本条第一款之罪的，处一年以上五年以下监禁。

组建意图实施本条第一款之罪的犯罪团体的，处十年以上监禁，或者长期监禁。

过失犯本条第一款之罪的，处六个月以上五年以下监禁。

过失犯本条第二款之罪的，处罚金，或者三年以下监禁。

武器、军事装备及军用民用双重用途的制品，以及用于运输、分配上述物品的犯罪工具，应当予以没收。

第一百九十三条之一　在战争中使用被禁止的武器及装备罪

违反波斯尼亚和黑塞哥维那法律规定或者国际法规则，发明、改进、制造、获取、堆放、储存、为销售或购买而提供化学、生物武器或其他国际法所禁止使用的战斗装备的，或者为购买或销售上述武器装备进行居间服务的，或者以其他方式将上述武器装备直接转交他人的，或者处置、运输上述武器装备的，处一年以上十年以下监禁。

使用化学或生物武器，或者其他国际法所禁止使用的战斗装备的，处五年以上监禁，或者长期监禁。

将控制骚乱的装备❶在战争中予以使用的，处一年以上三年以下监禁。

在战争或武装冲突期间，发布使用化学、生物武器或其他国际法所禁止使用的战斗装备命令的，或者发布使用国际法所禁止的战斗方法的命令的，或者自己亲自使用上述武器及方法的，处三年以上监禁。

因犯本条第一款、第二款及第三款之罪，造成一人或者多人死亡的，或者造成民众或动物群体严重伤害后果的，或者造成环境严重破坏后果的，处五年以上监禁，或者长期监禁。

为使用本条第二款所规定的武器、装备或者方法，而进行军事

❶　骚乱或人群控制武器，亦即警察常用的治安保卫、镇压民变的防暴武器。常见的人群控制武器包括防暴枪（各种霰弹枪和发射器）、橡皮子弹、大型气雾剂喷射器、水炮及化学榴弹射弹等。这些器具作为一种人道的防暴手段，在警方处置突发大规模抗议事件中广泛应用，但是却被国际战争法所禁用。——译者注

准备的，处三年以下监禁。

化学或生物武器、其他国际法所禁止使用的战斗装备、本条中所称的控制骚乱使用的器具及运输及散播上述武器装备所使用的工具，应当予以没收。

第一百九十三条之二　非法从事化学品贸易罪

未获得依照《执行〈关于禁止发展、生产、储存和使用化学武器及销毁此种武器的公约〉的法律》所应当具备的经营许可证的情况下[1]，进口、出口、转运化学品的，或者从事化学品的居间贸易的，或者在获取依照《执行〈关于禁止发展、生产、储存和使用化学武器及销毁此种武器的公约〉的法律》所应当具备的经营许可证的过程中提供虚假信息的，处三年以上十年以下监禁。

组建意图犯本条第一款之罪的犯罪团体的，处五年以上监禁，或者长期监禁。

过失犯本条第一款之罪的，处六个月以上五年以下监禁。

本条所称的化学品，应当予以没收。

---

[1] 在禁止化学武器组织（OPCW）的强力推动下，1993 年 1 月 13 日，国际社会缔结了《关于禁止发展、生产、储存和使用化学武器及销毁此种武器的公约》（以下简称《禁止化学武器公约》），并于当日开放供世界各国签署，1997 年 4 月 29 日生效。截至 2018 年 10 月，共有 193 个缔约国。《禁止化学武器公约》的签约国几乎遍及全球，除埃及、朝鲜、索马里、叙利亚等寥寥几国之外，全都签署。该公约是第一个全面禁止、彻底销毁一整类大规模杀伤性武器并具有严格核查机制的国际军控条约，对维护国际和平与安全具有重要意义。波黑于 1997 年 1 月 16 日签署该公约。——译者注

第一百九十三条之三　违反《执行〈关于禁止发展、生产、储存和使用化学武器及销毁此种武器的公约〉的法律》的相关管理制度活动罪

针对《关于禁止发展、生产、储存和使用化学武器及销毁此种武器的公约》第一个附表及第二个附表中所规定的化学品，实施了违反《执行〈关于禁止发展、生产、储存和使用化学武器及销毁此种武器的公约〉的法律》相关管理制度的活动的，处一年以上五年以下监禁。

针对《关于禁止发展、生产、储存和使用化学武器及销毁此种武器的公约》第三个附表中所规定的化学品，实施了违反《执行〈关于禁止发展、生产、储存和使用化学武器及销毁此种武器的公约〉的法律》相关管理制度的活动的，处一年以上三年以下监禁。❶

未获得依照《执行〈关于禁止发展、生产、储存和使用化学武器及销毁此种武器的公约〉的法律》所应当具备的经营许可证的情况下，储存化学品的，处六个月以上三年以下监禁。

本条第三款所规定的化学品，应当予以没收。

---

❶ 《禁止化学武器公约》第六条（本公约不加禁止的活动）和《关于执行和核查的附件》一起，详细规定了由禁止化学武器组织通过例行的宣布和现场视察，对化学工业进行监督的综合制度。对于缔约国所拥有的在上述三个附表中具体列明的化学品，以及从事与此类化学品或《禁止化学武器公约》具体规定的其他非附表特定有机化学品有关的活动的设施，禁止化学武器组织均要求缔约国进行宣布。同时，对于三个附表中的化学品，禁止化学武器组织还视其对《禁止化学武器公约》的宗旨和目标构成的危险，规定了不同形式的视察制度。——译者注

第一百九十四条　非法获取及处置核材料罪

未经授权而获取、接收、移交或者使得他人能够占有、使用、运输、加工、存储、处置核材料、放射性物质或者设施的，或者将其扩散的，处五年以下监禁。

以盗窃、欺诈、使用暴力、胁迫或者其他形式的恐吓行为，非法占有核材料、放射性物质或者设施的，处一年以上十年以下监禁。

犯本条第一款及第二款之罪，并因此对民众生命、健康、财产或者环境招致大规模风险的，处三年以上监禁。

犯本条第一款至第三款之罪，并因此造成一人或者多人死亡、大规模财产或者环境损失的，处五年以上监禁。

过失犯本条第一款至第三款之罪的，处三年以下监禁。

过失犯本条第四款之罪的，处十年以下监禁。

以强迫某一国家、国际组织、自然人或者法人实施或者不实施某一行为为目的，以使用核材料危及民众生命或者大规模财产安全的手段进行威胁的，处三年以上监禁。

本条所规定的核材料、放射性物质或者设施，以及用于运输这些物质或设施的工具，应当予以没收。

第一百九十四条之一　危及核设施罪

实施旨在妨碍核设施正常运转的行为的，以可能造成核泄漏或者其他放射性物质泄漏的风险的方法使用或者破坏核设施的，处一年以上五年以下监禁。

犯本条第一款之罪，并因此对民众生命、健康、财产或者环境招致大规模风险的，处一年以上监禁。

过失犯本条第一款及第二款之罪的，处罚金，或者三年以下监禁。

犯本条第一款及第二款之罪，并因此造成一人或者多人死亡、大规模财产或者环境损失的，处五年以上监禁。

过失犯本条第四款之罪的，处一年以上十年以下监禁。

以实施本条第一款及第二款之罪相威胁的，处三年以下监禁。

第一百九十五条　非法走私麻醉品罪

未经授权而跨国销售麻醉品的，或者移交麻醉品的，或者为销售购买而提供麻醉品的，或者购买、持有、运输或为销售而移交麻醉品的，或者为购买或者销售麻醉品进行居间服务的，或者赠与、交付、进口、出口被法律规章列为麻醉品的物品或者制剂的，或者以其他方式将上述麻醉品进入国际贸易循环体系的，处三年以上监禁。

组建意图犯本条第一款之罪的犯罪团体的，或者参加该团体的，处五年以上监禁。

在进行国际贸易时，未经授权而生产、获取明知是可以被用于制造麻醉品的装备、材料、物质的，或者为购买或者销售上述装备、材料、物质进行居间服务的，或者为使用而提供上述装备、材料、物质的，处一年以上十年以下监禁。

麻醉品及制作麻醉品所需要的其他物品，应当予以没收。

第一百九十六条　海盗罪

某一非军用或非政府公用船只或航空器上的工作人员或乘客，以为自己或他人获取利益，或者给他人造成损失为目的，在不属于任何国家管辖的海域或地区针对其他船只或航空器，或者其他船只或航空器上的人员实施暴力行为的，或者实施其他强制行为的，处一年以上十年以下监禁。

犯本条第一款之罪，并因此造成一人或者更多人死亡的，或者造成船只或航空器毁坏的，或者造成巨大财产损失的，处五年以上监禁。

犯本条第一款之罪时，故意杀害一人或者更多人的，处十年以上监禁，或者长期监禁。

第一百九十七条　劫持航空器、船只或者占据海上固定平台罪

使用暴力或威胁使用暴力，或者使用其他形式的恐吓，占据或者控制飞行中的航空器或航行中的船只、舰艇，或者海上固定平台的，处一年以上监禁。

犯本条第一款之罪，并因此造成一人或者更多人死亡的，或者造成航空器、船只、舰艇、海上固定平台灭失的，或者造成其他严重财产损失的，处五年以上监禁。

犯本条第一款之罪时，故意杀害一人或者更多人的，处十年以上监禁，或者长期监禁。

第一百九十八条　危及国际空运、海运或海上固定平台安全罪

针对飞行中航空器上的人员实施暴力的，破坏航空器或者导致其受损的，或者将爆炸物或其他能够产生类似破坏力的危险物品带入航空器的，或者破坏或毁损航空导航设备或仪器的，或者干扰其正常操作的，或者传送错误的飞行信息的，或者拒不履行和航空安全有关的监管义务的，或者实施其他暴力行为并因此危及飞行安全

的，处一年以上十年以下监禁。

针对国际机场工作人员实施暴力的，或者严重破坏或毁损机场设施的，或者破坏未在使用状态中的航空器的，或者扰乱机场的管理秩序的，按照本条第一款之规定予以处罚。

针对正在使用中的船只、舰艇或者海上固定平台上的人员实施暴力的，或者破坏船只、舰艇或者海上固定平台的，或者导致船只、舰艇、海上固定平台或其所搭载的货物受损的，或者将爆炸物或其他能够产生类似破坏力的危险物品带入船只、舰艇、海上固定平台的，或者破坏或毁损航海导航设备的，或者干扰其正常操作的，或者传送错误的航行信息的，或者实施其他暴力行为并因此危及航海安全或者船只、舰艇、海上固定平台使用安全的，按照本条第一款之规定予以处罚。

犯本条第一款、第二款、第三款之罪时，故意剥夺他人生命的，处十年以上监禁，或者长期监禁。

犯本条第一款、第二款、第三款之罪，并因此导致一人或者更多人死亡的，或者导致航空器、船只、舰艇或者海上固定平台遭到严重毁坏的，或者导致其他严重物质损失的，处五年以上监禁。

过失犯本条第一款至第三款之罪的，处罚金，或者三年以下监禁。

就本条第六款之情况而言，导致一人或者更多人死亡的，或者导致航空器、船只、舰艇或者海上固定平台遭到严重毁坏的，或者导致其他严重物质损失的，处一年以上十年以下监禁。

第一百九十九条　毁损或者拆除航空安全信号设施罪

毁损、破坏或者拆除用于航空安全的信号设施的，处罚金，或者三年以下监禁。

第二百条　滥用国际信号罪

出于恶意或者在毫无必要的情况下发送国际通用的灾难信号或者警示危险信号的，或者使用通信信号而造成安全状态仍然存在的假象的，或者滥用国际通用的电信信号的，处六个月以上五年以下监禁。[1]

第二百零一条　恐怖主义罪

以严重恐吓民众或者不适当地强迫波斯尼亚和黑塞哥维那国家当局、其他国家政府、国际组织实施或者不实施某一活动为目的，或者以严重动摇、破坏波斯尼亚和黑塞哥维那国家当局、其他国家政府、国际组织的基本政治、宪法、经济或者社会制度体系为目的，实施恐怖活动的，处五年以上监禁。

犯本条第一款之罪，并因此造成一人或者更多人死亡的，处八年以上监禁。

犯本条第一款之罪时，故意杀害他人的，处十年以上监禁，或者长期监禁。

为实施本条第一款之罪，获取或者准备犯罪工具、消除障碍

---

[1] 国际信号是供各国舰船之间、舰船与岸上信号台之间相互使用的通信信号。使用者可用旗语、灯光、音响、无线电报（话）等传递，以达成通信。国际信号通常在进行援救、海上救生、保障航行安全和保护人员生命安全时，尤其是发生语言隔阂时使用。它由单字母、双字母、三字母或字母和数字组成，每个信号码组代表一个完整的特定含义。信号码组分通用和医疗两部分。通用部分按性质分为遇险—紧急、伤亡事故—损坏、助航设备—航行—水文、船舶操纵、杂项、气象—天气、通信、国际卫生规则八部分。对此可参见：熊武一，周家法．军事大辞海［M］．南京：长城出版社，2000：1871.——译者注

的，或者采取其他行动从而为实施上述犯罪创造条件的，处一年以上十年以下监禁。

本条中的“恐怖活动”，根据其性质，结合具体语境，系指能够对国家或者国际组织造成严重损失的以下行为：

（一）危及他人生命，有可能导致其死亡的；

（二）危及他人身体完整性的；

（三）以逼迫他人实施或者不实施某一活动为目的，非法拘捕、持续羁押或者以其他方式剥夺或者限制他人身体自由的，或者绑架他人作为人质的；

（四）导致波斯尼亚和黑塞哥维那或者其他国家的政府设施、公共设施遭受巨大破坏的，或者导致其交通设施、基础设施、通信设施、大陆架上的海上固定平台及其他公共场所或者私人财产遭受巨大破坏的，或者有可能危及民众生命安全的，或者造成其他严重经济损失的；

（五）劫持航空器、船只或者其他公共交通工具、货物交通工具的；

（六）生产、拥有、获取、运输、供应、使用或者为训练而使用武器、爆炸物、核材料、生物或化学武器、放射性材料的，或者从事核材料、生物或化学武器、放射性材料的开发或研究的；

（七）释放危险物质的，或者导致危及民众生命安全的火灾、爆炸、水灾的；

（八）干扰或者中断供水、供电或者其他基础性自然资源的供应，危及民众生命安全的；

（九）威胁实施本款第（一）项至第（八）项的犯罪行为的。

第二百零二条　资助恐怖活动罪

意图使资金的全部或者一部分被用于或者明知资金的全部或者一部分可能被恐怖主义组织或者恐怖分子个人用以实施本法典第一百九十一条（劫持人质罪）、第一百九十二条（危及应受国际保护人员安全罪）、第一百九十四条（非法获取及处置核材料罪）、第一百九十四条之一（危及核设施罪）、第一百九十六条（海盗罪）、第一百九十七条（劫持航空器、船只或者占据海上固定平台罪）、第一百九十八条（危及国际空运、海运或海上固定平台安全罪）、第一百九十九条（毁损或者拆除航空安全信号设施罪）、第二百条（滥用国际信号罪）、第二百零一条（恐怖主义罪）、第二百零二条之一（公然煽动恐怖活动罪）、第二百零二条之二（招募恐怖分子罪）、第二百零二条之三（训练恐怖分子罪）之罪，以及被用于其他能够造成平民或武装冲突中的非敌对人员死亡或者严重身体伤害之犯罪，而根据其性质，结合具体语境，上述犯罪之目的均在于向民众实施恐吓，或者强迫波斯尼亚和黑塞哥维那其他国家政府、国际组织实施或者不实施某种行为并且仍然还以某种方式直接或者间接提供、募集资金，或者确保上述恐怖犯罪实施者能够获得资金的，无论上述恐怖犯罪是否实施或者资金是否已经被用于实施恐怖犯罪，对资助者处三年以上监禁。

就下列情况而言，本条第一款所规定的刑罚，可以适用于以任何方式直接或者间接提供或筹集资金的人员或以其他方式确保资金到位的人员：

（一）意图使这些资金的全部或者一部分用于资助恐怖主义组织或者恐怖分子个人；

（二）明知这些资金的全部或者一部分可能被恐怖主义组织或

者恐怖分子个人用以实施本条第一款所规定的犯罪。

意图用于或者已经用于实施本条第一款之罪而被募集的资金，应当予以没收。

本条第一款及第二款所规定的资金，可以是任何形式的现金、物品、权利、有形物或者无形物、可移动物或者不动产，无论其具备合法的证明文件，还是具备任何形式的包括电子或者数据在内的能够证明所有权及特殊财物产权归属的法律文件。另外，该资金还包括但不限于银行贷款、旅游支票、银行支票、见票即付汇票、股票、证券、债权、汇票和信用证。

第二百零二条之一　公然煽动恐怖活动罪

在大众媒体上公然散布或者以其他方式向公众散布信息，意图煽动他人实施本法典第一百九十一条（劫持人质罪）、第一百九十二条（侵害应受国际保护人员安全罪）、第一百九十四条（非法获取及处置核材料罪）、第一百九十四条之一（危及核设施罪）、第一百九十六条（海盗罪）、第一百九十七条（劫持航空器、船只或者占据海上固定平台罪）、第一百九十八条（危及国际空运、海运或海上固定平台安全罪）、第一百九十九条（毁损或者拆除航空安全信号设施罪）、第二百条（滥用国际信号罪）、第二百零一条（恐怖主义罪）、第二百零二条（资助恐怖活动罪）、第二百零二条之二（招募恐怖分子罪）、第二百零二条之三（训练恐怖分子罪）、第二百零二条之四（组建恐怖集团罪）之罪的，处三年以上监禁。

第二百零二条之二　招募恐怖分子罪

招募、鼓动他人实施、参与或帮助支持实施、加入某一恐怖活动团体以实施本法典第一百九十一条（劫持人质罪）、第一百九十二条（侵害应受国际保护人员安全罪）、第一百九十四条（非法获取及处置核材料罪）、第一百九十四条之一（危及核设施罪）、第一百九十六条（海盗罪）、第一百九十七条（劫持航空器、船只或者占据海上固定平台罪）、第一百九十八条（危及国际空运、海运或海上固定平台安全罪）、第一百九十九条（毁损或者拆除航空安全信号设施罪）、第二百条（滥用国际信号罪）、第二百零一条（恐怖主义罪）、第二百零二条（资助恐怖活动罪）、第二百零二条之一（公然煽动恐怖活动罪）、第二百零二条之三（训练恐怖分子罪）之罪的，处三年以上监禁。

第二百零二条之三 训练恐怖分子罪

训练他人制造或者使用爆炸物、枪炮或者其他武器，或者训练他人制造或者使用有害性、危险性物质、爆炸性设备，或者训练他人掌握其他特殊的理论、技术或技巧，意图让他人实施本法典第一百九十一条（劫持人质罪）、第一百九十二条（侵害应受国际保护人员安全罪）、第一百九十四条（非法获取及处置核材料罪）、第一百九十四条之一（危及核设施罪）、第一百九十六条（海盗罪）、第一百九十七条（劫持航空器、船只或者占据海上固定平台罪）、第一百九十八条（危及国际空运、海运或海上固定平台安全罪）、第一百九十九条（毁损或者拆除航空安全信号设施罪）、第二百条（滥用国际信号罪）、第二百零一条（恐怖主义罪）、第二百零二条（资助恐怖活动罪）、第二百零二条之一（公然煽动恐怖活动罪）、第二百零二条之二（招募恐怖分子罪）之罪的，处三年以上监禁。

为训练恐怖分子而提供资源的，或者明知某些房屋、场所可能被用于训练恐怖分子但是仍然提供该房屋、场所让恐怖分子使用的，按照本条第一款所规定予以处罚。

第二百零二条之四　组建恐怖集团罪

组建恐怖集团或者以其他方法召集三人以上，意图实施本法典第一百九十一条（劫持人质罪）、第一百九十二条（侵害应受国际保护人员安全罪）、第一百九十四条（非法获取及处置核材料罪）、第一百九十四条之一（危及核设施罪）、第一百九十六条（海盗罪）、第一百九十七条（劫持航空器、船只或者占据海上固定平台罪）、第一百九十八条（危及国际空运、海运或海上固定平台安全罪）、第一百九十九条（毁损或者拆除航空安全信号设施罪）、第二百条（滥用国际信号罪）、第二百零一条（恐怖主义罪）、第二百零二条（资助恐怖活动罪）、第二百零二条之一（公然煽动恐怖活动罪）、第二百零二条之二（招募恐怖分子罪）、第二百零二条之三（训练恐怖分子罪）之罪的，处五年以上监禁。

参加本条第一款所规定的恐怖集团成为其成员的，或者以其他方式参加恐怖集团所实施的活动的，或者向其提供经济或者其他援助的，处三年以上监禁。

本条第一款所规定的恐怖集团中的成员，在作为该集团成员为该集团实施犯罪行为之前，向有关机关揭发该恐怖集团的，处罚金，或者三年以下监禁，也可以免予处罚。

第二百零三条　拒不执行国际刑事法庭判决、裁定罪

在波斯尼亚和黑塞哥维那及其包括波斯尼亚和黑塞哥维那联邦、波斯尼亚和黑塞哥维那塞族共和国在内的两个实体，以及波斯尼亚和黑塞哥维那布尔奇科特区的国家机关中任职的公职人员，在国际刑事法庭对某人的刑事诉讼程序已经启动后，拒不执行国际刑事法庭对该人的逮捕、拘禁或者将其引渡至国际刑事法庭的裁定

的，或者以其他方式妨碍该裁定的执行的，或者拒绝执行国际刑事法庭业已生效的合法判决的，或者以其他方式妨碍该判决的执行的，处一年以上十年以下监禁。

第十八章　针对经济、市场完整性及关税的犯罪

第二百零四条　侵犯市场平等活动罪

在波斯尼亚和黑塞哥维那国家机关中供职的公职人员滥用其官方职务、职权或者影响力，限制人员、货物、服务或者资本在包括波斯尼亚和黑塞哥维那联邦、波斯尼亚和黑塞哥维那塞族共和国在内的两个实体及波斯尼亚和黑塞哥维那布尔奇科特区之间的自由流动的，或者剥夺、限制商业组织或者其他法人在包括波斯尼亚和黑塞哥维那联邦、波斯尼亚和黑塞哥维那塞族共和国在内的两个实体及波斯尼亚和黑塞哥维那布尔奇科特区从事正常的商品及贸易服务的，或者使得某一商业组织、其他法人在工作条件或者在商品及贸易经营方面处在不平等的地位的，或者限制商品或服务在包括波斯尼亚和黑塞哥维那联邦、波斯尼亚和黑塞哥维那塞族共和国在内的两个实体及波斯尼亚和黑塞哥维那布尔奇科特区的领域内自由交易的，处六个月五年以下监禁。

第二百零五条　伪造货币罪

以将虚假的货币作为真币在流通领域中使用为目的，伪造、变造货币的，或者在流通领域中使用上述伪造的、变造的货币的，处一年以上十年以下监禁。

以将上述伪造的、变造的货币作为真币在流通领域中使用为目

的，获取伪造的、变造的货币的，按照本条第一款之规定予以处罚。

犯本条第一款及第二款之罪，并因此扰乱波斯尼亚和黑塞哥维那经济秩序的，处五年以上监禁。

误将伪造的、变造的货币作为真币接受之后，察觉其不是真币而又在流通领域中予以使用的，或者明知有假币存在或者已经被投入流通领域中但拒不向有关当局报告的，处罚金，或者一年以下监禁。

虚假的货币应予以没收。

第二百零六条　伪造证券罪

以将虚假的证券作为真实证券在流通领域中使用为目的，伪造、变造依照波斯尼亚和黑塞哥维那法律规章发行的证券的，或者在流通领域中使用上述伪造的、变造的证券的，处一年以上十年以下监禁。

犯本条第一款罪，并因此扰乱波斯尼亚和黑塞哥维那经济秩序的，处五年以上监禁。

虚假的证券应予以没收。

第二百零七条　伪造有价票证罪

以将虚假有价标识作为真实有价标识使用为目的，或者以将该虚假有价标识交由他人使用为目的，伪造、变造依照波斯尼亚和黑塞哥维那法律规章发行的税收标识、邮票或者其他有价标识的，或者将该虚假有价标识作为真实有价标识而使用的，或者获取虚假有价标识而意图使用的，处罚金，或者三年以下监禁。

本条第一款中的有价票证的面值巨大的，处六个月以上五年以下监禁。

移除用于盖销本条第一款所规定的有价标识的戳记，或者以重复使用为目的而以其他方式掩饰其已经使用过的迹象的，或者将已经使用过的标识仍然充当有效标识而予以使用或出卖的，处罚金，或者三年以下监禁。

虚假的有价标识应予以没收。

第二百零八条　伪造商品标识、度量和重量标识罪

以将虚假商品标识作为真实商品标识进行使用为目的，制造虚假的用于标注国内外商品的图章、印记等商品标识，或者制造虚假的用于标注黄金、白银、家畜、木制品或其他商品的质量等级的商品标识，或者对真实商品标识进行变造，或者将虚假商品标识作为真实商品标识而予以使用，并因此扰乱波斯尼亚和黑塞哥维那经济秩序的，处六个月以上五年以下监禁。

伪造度量或重量标识，并因此扰乱波斯尼亚和黑塞哥维那经济秩序的，依照本法第一款之规定予以处罚。

虚假的商品标识、度量和重量标识，应当予以没收。

第二百零九条　洗钱罪

以接受、兑换、持有、处置，或者在商业或者其他贸易活动中使用、转移、交付，或者以其他形式来隐瞒其明知是通过实施犯罪活动而获得的货币或者财产性利益的性质、来源、位置、处理、流向、所有权或者其他权利归属，如果上述货币或者财产性利益是通过实施以下犯罪活动而获得的，处一年以上八年以下监禁：

（一）发生在波斯尼亚和黑塞哥维那境外，或者发生在波斯尼亚和黑塞哥维那联邦、波斯尼亚和黑塞哥维那塞族共和国两个实体境内，以及波斯尼亚和黑塞哥维那布尔奇科特区境内的；

（二）被本法典或者其他州级别的法律规定为犯罪的。

如果本条第一款中的犯罪人，也是因实施某些犯罪行为而获取货币或财产性利益的犯罪人，或者是这些犯罪行为的共犯的，则应对其处一年以上十年以下监禁。[1]

本条第一款中的货币或者财产性利益超过二十万波黑可兑换马克的，处三年以上监禁。

行为人本来应当知晓货币或者财产性利益是通过犯罪行为所获得，但由于过失而未能了解上述事实，并因此实施本条第一款及第二款之行为的，处罚金，或者三年以下监禁。

本条第一款至第四款中的货币、财产性利益、收入、利润或者其他通过实施犯罪而获得的财产收益，应当予以没收。

应当通过客观的事实状况评价本条第一款所规定的明知、故意或者意图等主要因素是否存在。

第二百一十条　逃税罪

拒绝提供纳税所必要的相关信息，或者故意提供其收入情况以

---

[1] 亦即所谓的“自洗钱”，行为人在实施上游犯罪之后，对违法犯罪所得及其收益自行“清洗”以使之合法化。在此需要特别指出的是，在世界各国刑法典及司法实践中，“自洗钱”行为也属于洗钱犯罪。联合国《禁毒公约》《联合国打击跨国有组织犯罪公约》《联合国反腐败公约》均规定“自洗钱”行为构成犯罪。中国虽然是上述公约的签署国，中国《刑法》对此没有将“自洗钱”的行为单独入罪，而是作为上游犯罪的附属行为被上游行为所吸收，仅作为量刑情节予以考虑。对此《中华人民共和国刑法修正案（十一）》对《刑法》第一百九十一条第一款第（二）项进行了修改，将原来的“协助将财产转换为现金、金融票据、有价证券的”，调整为“将财产转换为现金、金融票据、有价证券的”。由此可以看出，《中华人民共和国刑法修正案（十一）》对洗钱罪的修改是符合国际惯例的。——译者注

及能够影响估算其应纳税金额的相关物品或事实方面的虚假信息，意图逃避波斯尼亚和黑塞哥维那税务立法所规定的纳税义务，并且因此而逃避的应纳税款数额超过一万波黑可兑换马克的，处六个月以上五年以下监禁。

在行使波斯尼亚和黑塞哥维那税务立法所规定的退税或者间接税抵扣的申请权时，填写虚假退税信息，退税或者间接税抵扣数额超过一万波黑可兑换马克的，按照本条第一款之规定予以处罚。

犯本条第一款之罪，并且因此而逃避的应纳税款数额超过五万波黑可兑换马克的，或者犯本条第二款之罪，并且因此而退税或者间接税抵扣数额超过五万波黑可兑换马克的，处一年以上十年以下监禁。

犯本条第一款之罪，并且因此而逃避的应纳税款数额超过二十万波黑可兑换马克的，或者犯本条第二款之罪，并且因此而退税或者间接税抵扣数额超过二十万波黑可兑换马克的，处三年以上监禁。

第二百一十条之一　非法从事消费税商品贸易罪

非法生产、经营或者销售未标记有波斯尼亚和黑塞哥维那税收立法所要求具备的消费税印花的商品的，处六个月以上五年以下监禁。[1]

本条第一款所规定的商品，应当予以没收。

[1] 消费税商品一般是指诸如如烟、酒、焰火、汽油、贵重首饰、化妆品、小汽车、摩托车等奢侈品、非生活必需品、高能耗及高档消费品。消费税印花是证明生产者已缴税及商品为正品的合法证明。——译者注

第二百一十条之二　非法储存应征税货物罪

违反法律规定，在未经登记备案的场所内储存波斯尼亚和黑塞哥维那税收立法所规定的应征税货物的，或者基于上述意图允许将他人应征税货物存放在自己未经登记备案的场所内的，处罚金，或者三年以下监禁。

在按照法律规定已经登记备案的场所中，储存波斯尼亚和黑塞哥维那税收立法所规定的应征税货物，但该货物缺乏法律所需的原产地及已完税证明文件的，按照本条第一款之规定予以处罚。

第二百一十一条　避税罪

通过转移或者挪用财产、关闭企业或者以其他方法未能按照波斯尼亚和黑塞哥维那税收立法所规定的要求缴纳税款，并且避税数额超过五万波黑可兑换马克的，处罚金，或者三年以下监禁。

犯本条第一款之罪，并且因此而避税数额超过十万波黑可兑换马克的，处一年以上十年以下监禁。

犯本条第一款之罪，并且因此而避税数额超过二十万波黑可兑换马克的，处三年以上监禁。

犯本条第一款、第二款及第三款之罪，但最终履行了其纳税义务的，可以免予处罚。

第二百一十二条　非法贸易罪

违反波斯尼亚和黑塞哥维那法律规定或者国际法规定，未经授权而购买、销售或者交易被禁止流通或被限制流通的货物及商品，且未因此而触犯更严重的犯罪的，处一年以上十年以下监禁。

被非法贸易的货物或商品，应当予以没收。

第二百一十三条　非法生产罪

违反波斯尼亚和黑塞哥维那法律规定或者国际法规定，生产或加工被依法禁止生产或加工的货物或商品，且未因此而触犯更严重的犯罪的，处罚金，或者一年以下监禁。

本条第一款所规定的货物或商品，以及生产、加工这些货物或商品的工具，应当予以没收。

第二百一十四条　走私罪

逃避海关监管措施，运送价值较大的货物通过关税线的，或者从事运送货物通过关税线的职业的，处罚金，或者三年以下监禁。

未经批准，逃避海关监管措施，运送被禁止或被限制进出口的货物或者需要经过有关机关特别审批才能进出口的货物通过关税线的，处六个月以上五年以下监禁。

犯本条第一款及第二款之罪时，如果被运送通过关税线的物品、货物或物质对人体生命健康具有危险性的，或者上述物品、货物或物质能够危及公共安全的，或者是通过使用武器、暴力或者胁迫手段实施的，处一年以上十年以下监禁。

本条第一款、第二款及第三款中的物品、货物或物质应当予以没收。

交通工具中秘密或隐藏的隔室被用于运输本条第一款、第二款及第三款中的被走私物品，或者交通工具实际上是被意图用于运输本条第一款、第二款及第三款中的被走私物品，且该交通工具的所有人或使用人明知或者应当知道上述事实的，该交通工具应当予以没收。

第二百一十五条 组建从事走私活动或者配送未纳税货物的团体罪

组建有组织形式的走私活动团体或者其他团伙的，或者组建未纳税货物的销售配送网络或中间人、中介人机构的，处三年以上监禁。

参加本条第一款所规定的团体或团伙，成为其成员的，处一年以上监禁。

第二百一十六条 关税欺诈罪

意图为自己或者他人逃避进口货物时的关税缴纳或者其他应纳税义务，制作或者向海关部门提交虚假的报关表、许可证或其他法律文件，并因此逃避应缴关税数额超过五千波黑可兑换马克的，处罚金，或者三年以下监禁。

犯本条第一款之罪，并因此逃避应缴关税数额超过二万波黑可兑换马克的，处一年以上十年以下监禁。

犯本条第一款之罪，并因此逃避应缴关税数额超过八万波黑可兑换马克的，处三年以上监禁。

第十九章　贪贿罪、违背公职人员职责或者其他责任罪

第二百一十七条　收受礼金或者其他形式的利益罪

波斯尼亚和黑塞哥维那的公职人员、仲裁员、陪审员、责任人员，或者外国公职人员、国际组织中的公职人员，以为自己或他人牟取利益为目的，索取或者收受他人礼物或者其他财产性利益，或者接受他人提供礼物或者其他利益的承诺，以便在其职权范围以内，实施其本不应该实施之职务行为的，或者不实施其本应实施的职务行为的，或者因此而居间介绍其他公职人员或责任人员实施上述受贿行为的，处一年以上十年以下监禁。

公职人员、仲裁员、陪审员，以及波斯尼亚和黑塞哥维那国家机关中的其他责任人员，或者外国公职人员，或者国际组织中的公职人员，以为自己或他人牟取利益为目的，索取或者收受他人的礼物或者其他财产性利益，或者接受他人提供礼物或者其他利益的承诺，以便在其职权范围以内，实施其本应该实施之公职行为的，或者不实施其本来就不应该实施之公职行为的，或者因此而居间介绍公职人员或责任人员实施上述受贿行为的，处六个月以上五年以下监禁。

公职人员、仲裁员、陪审员，以及波斯尼亚和黑塞哥维那国家机关中的其他责任人员，或者外国公职人员，或者国际组织中的公职人员，在实施或者不实施本条第一款及第二款中的公职行为之

后，并以此为理由，为自己或他人而索取或者收受他人的礼物或者其他财产利益的，按照本条第一款之规定予以处罚。

所收受的礼金或者其他利益，应当予以没收。

第二百一十八条　提供礼金或者其他形式利益罪

向公职人员、仲裁员、陪审员，以及波斯尼亚和黑塞哥维那国家机关中的其他责任人员，或者外国公职人员，或者国际组织中的公职人员，提供或者承诺提供礼物或者其他财产性利益，以便使得上述人员在其职权范围以内，实施其本不应该实施之公职行为的，或者不实施其本应实施的公职行为的，或者为向上述人员实施此种行贿行为而提供中介活动的，处六个月以上五年以下监禁。

向公职人员、仲裁员、陪审员，以及波斯尼亚和黑塞哥维那国家机关中的其他责任人员，或者外国公职人员，或者国际组织中的公职人员，提供或者承诺提供礼物或者其他财产性利益，以便使得该公职人员在其职权范围以内，实施其本应该实施之公职行为的，或者不实施其本不应实施的公职行为的，处罚金，或者三年以下监禁。

因公职人员、陪审员、仲裁员，以及波斯尼亚和黑塞哥维那国家机关中的其他责任人员，或者外国公职人员，或者国际组织中的公职人员的索要，犯本条第一款及第二款之罪，在犯罪被发现之前，或者在其察觉犯罪被发现之前，主动向有关部门交代的，可以免予处罚。

用于行贿的礼物或财产利益，应当予以没收。

第二百一十九条　非法斡旋收受报酬或者其他形式的利益罪

以为自己、其他自然人直接或者间接索取或者收受他人的报酬或者其他利益，或者接受他人提供报酬或者其他利益的承诺为目的，利用实际的或者利用自己所声称的官方的、社会的或有影响力的职务或地位，居间斡旋公职人员、仲裁员、陪审员，以及波斯尼亚和黑塞哥维那国家机关中的其他责任人员，或者外国公职人员，或者国际组织中的公职人员，使得某种公职行为得以实施或者未能实施的，处六个月以上五年以下监禁。

利用官方的、社会的或有影响力的职务或地位，居间斡旋公职人员、仲裁员、陪审员，以及波斯尼亚和黑塞哥维那国家机关中的其他责任人员，或者外国公职人员，或者国际组织中的公职人员，使得某种公职行为得以实施或者未能实施的，处一年以上八年以下监禁。

犯本条第二款之罪时，为自己、其他自然人索要或者收受他人的报酬或者其他利益的，处一年以上十年以下监禁。

所收到的报酬或者其他利益，应当予以没收。

第二百一十九条之一　在非法斡旋中提供报酬或者其他形式的利益罪

向具有官方的、社会的或有影响力的职务或地位的人员直接或者间接提供报酬或者其他利益，或者承诺提供报酬或者其他利益的，使其向公职人员、仲裁员、陪审员，以及波斯尼亚和黑塞哥维那国家机关中的其他责任人员，或者外国公职人员，或者国际组织中的公职人员进行居间斡旋，导致某种公职行为得以实施或者未能实施的，处六个月以上五年以下监禁。

按照具有官方的、社会的或有影响力的职务或地位的人员之索要，直接或间接实施本条第一款之罪的，在犯罪被发现之前，或者在其察觉犯罪被发现之前，主动向有关部门交代的，可以免予处罚。

用于行贿的报酬或财产利益，应当予以没收。但是就本条第二款的情况而言，应当返还给报酬或财产利益的提供者。

第二百二十条　滥用职权罪

在波斯尼亚和黑塞哥维那国家机关中供职的公职人员或责任人员，利用其职务或职权便利，超越其职权或者不履行其职责，并因此为自己或其他自然人牟取某种非财产利益的，或对他人造成损失的，处六个月以上五年以下监禁。

犯本条第一款之罪，并因此从中获取财产利益超过一万波黑可兑换马克的，处一年以上十年以下监禁。

犯本条第一款之罪，并因此从中获取财产利益超过五万波黑可兑换马克的，处三年以上监禁。

第二百二十一条　职务侵占罪

以为自己或者其他人获得非法财产利益为目的，侵吞基于其在波斯尼亚和黑塞哥维那国家机关中供职或者总体而言基于其在波斯尼亚和黑塞哥维那国家机关中的职位而受到委托所管理的货币、证券或其他可移动财物的，处六个月以上五年以下监禁。

犯本条第一款之罪，并因此从中获取财产利益超过一万波黑可兑换马克的，处一年以上十年以下监禁。

犯本条第一款之罪，并因此从中获取财产利益超过五万波黑可兑换马克的，处三年以上监禁。

货币、证券或其他可移动财物，以及财产利益，应当予以没收。

第二百二十二条　职务欺诈牟利罪

在波斯尼亚和黑塞哥维那国家机关中供职的公职人员或责任人员，以为自己或者他人获得非法财产利益为目的，以提交虚假的对账单的方法或者以其他方法欺骗相关主管人员认可某一非法支付的，处六个月以上五年以下监禁。

犯本条第一款之罪，并因此从中获取财产利益超过一万波黑可兑换马克的，处一年以上十年以下监禁。

犯本条第一款之罪，并因此从中获取财产利益超过五万波黑可兑换马克的，处三年以上监禁。

财产利益应当予以没收。

第二百二十三条　未经授权使用托管财物罪

未经授权擅自使用基于其在波斯尼亚和黑塞哥维那国家机关中供职或者总体而言基于其在波斯尼亚和黑塞哥维那国家机关中的职位而受到委托而管理的货币、证券或其他可移动财物的，或者未经授权而将上述财物转交给他人使用的，处六个月以上五年以下监禁。

第二百二十四条　玩忽职守罪

在波斯尼亚和黑塞哥维那国家机关中供职的公职人员或者责任人员，明知其行为性质，但仍然违背法律、其他规章或者其他一般性法令，未能履行监管职责或者以其他明显不谨慎之方式行使职权，严重侵犯他人权利的，或者造成超过一千波黑可兑换马克的财产损失的，处三个月以上五年以下监禁。

犯本条第一款之罪，严重侵犯他人权利的，或者造成超过一万波黑可兑换马克的财产损失的，处一年以上十年以下监禁。

第二百二十五条　删除

第二百二十六条　伪造官方文件罪

在波斯尼亚和黑塞哥维那国家机关中供职的公职人员或者责任人员，在官方或者商业文件、账簿或档案中输入虚假的数据或者不输入重要数据的，或者使用其签名或官方印戳来认证某一内容虚假的官方或者商业文件、账簿或档案的，或者使用其签名或官方印戳使得某一内容虚假的官方或者商业文件、账簿或档案被制作出来的，处六个月以上五年以下监禁。

在波斯尼亚和黑塞哥维那国家机关中供职的公职人员或者责任人员，故意将某一内容虚假的官方或者商业文件、账簿或档案作为真品而使用的，或者破坏、隐藏、毁损及以其他方式致使真实的官方或者商业文件、账簿或档案无法正常使用的，按照本条第一款之规定予以处罚。

第二百二十七条　非法征收及缴纳罪

在波斯尼亚和黑塞哥维那国家机关中供职的公职人员或者责任人员，向他人征收其无义务缴纳之款项的，或者向他人征收超过其应缴纳金额之款项的，或者在自己缴纳相关款项或支付上述款项时故意少缴纳或者少支付的，处罚金，或者三年以下监禁。

第二百二十八条　非法释放在押人员罪

在波斯尼亚和黑塞哥维那国家机关中供职的公职人员或者责任人员，非法释放由其监管或者受委托看管的在押人员的，或者帮助在押人员逃脱的，或者提供非法通信或者通信联络从而使得在押人员从监管场所中顺利逃脱的，处一年以上十年以下监禁。

第二百二十九条　非法侵占被搜查或被执行物品罪

在波斯尼亚和黑塞哥维那国家机关中供职的公职人员，以为自己或者他人获得非法利益为目的，在对房屋或者人身进行搜查期间，或者在执行命令期间，取走可移动物品的，处一年以上十年以下监禁。

第二十章
妨害司法管理罪

第二百三十条　拒不举报犯罪行为或犯罪人罪

明知他人实施了按照波斯尼亚和黑塞哥维那法律可能会被判处长期监禁的严重犯罪行为，或者大致上对该犯罪行为有所了解，尽管其知道如果举报该犯罪行为会有助于该犯罪行为的及时侦破，但却拒不向有关单位举报该犯罪行为的，处罚金，或者三年以下监禁。

在波斯尼亚和黑塞哥维那国家机关中任职的公职人员或者责任人员，在履行其职责中已经发现他人实施了按照波斯尼亚和黑塞哥维那法律可能会被判处五年或者五年以上监禁的犯罪行为，但却拒不向有关单位举报该犯罪行为的，按照本条第一款之规定予以处罚。

行为人虽拒不向有关单位举报本条第一款及第二款中的犯罪行为，但如果行为人是已经实施犯罪者的配偶、同居者、直系血亲、兄弟姐妹、养父母或养子女或者是与其在一起共同生活的人员的，或者是该犯罪人的辩护律师、护理医生，或者是接受过其忏悔的宗教神职人员的，则行为人的拒不举报行为不构成犯罪。

第二百三十一条　拒不举报被国际刑事法庭指控的犯罪人罪

行为人明知某一被国际刑事法庭指控的犯罪人的下落，也明知被指控的犯罪的基本事实，尽管其知道如果举报该犯罪人的下落会有助于该犯罪行为的及时侦破，但却拒不向有关单位举报该犯罪人的下落的，处三年以下监禁。

行为人虽拒不向有关单位举报本条第一款中犯罪人的下落，但如果行为人是已经实施犯罪者的配偶、同居者、直系血亲、兄弟姐妹、养父母或养子女或者是与其在一起共同生活的人员的，或者是该犯罪人的辩护律师、护理医生，或者是接受过其忏悔的宗教神职人员的，则行为人的拒不举报行为不构成犯罪。

第二百三十一条之一　拒不告知万人冢罪

明知万人冢地址所在，拒不向有关机关告知的，处三年以下监禁。

第二百三十二条　向已实施犯罪之人提供事后帮助罪

窝藏已经实施了波斯尼亚和黑塞哥维那法律所规定之罪的犯罪人的，或者通过掩饰犯罪工具、犯罪痕迹或者以其他方式对已实施犯罪之人提供帮助从而避免其罪行得以暴露的，或者窝藏已经被定罪的犯罪人的，或者采取其他手段使得已经被宣告的波斯尼亚和黑塞哥维那的法定刑罚、保安处分措施公共机构矫正措施无法得以适用的，处罚金，或者一年以下监禁。

向按照波斯尼亚和黑塞哥维那法律可能判处三年或者三年以上监禁的犯罪人提供帮助的，处六个月以上五年以下监禁。

向按照波斯尼亚和黑塞哥维那法律可能判处长期监禁刑的犯罪人提供帮助的，处一年以上十年以下监禁。

犯本条第一款之罪所判处之刑罚，在类型及程度方面均不得重于其所帮助的犯罪人所判处的刑罚。

虽然实施了本条第一款至第三款之行为，但如果行为人是已经实施犯罪者的配偶、同居者、直系血亲、兄弟姐妹、养父母或养子女，或者是与其在一起共同生活的人员的，或者是该犯罪人的辩护律师、护理医生，或者是接受过其忏悔的宗教神职人员的，则行为人的帮助行为不构成犯罪。

第二百三十三条　向被国际刑事法庭指控的犯罪人提供帮助罪

向被国际刑事法庭指控的犯罪人提供帮助的，或者窝藏被国际刑事法庭指控的犯罪人的，或者帮助其隐瞒罪行的，处三年以下监禁。

虽然实施了本条第一款之行为，但如果行为人是已经实施犯罪者的配偶、同居者、直系血亲、兄弟姐妹、养父母或养子女，或者是与其在一起共同生活的人员的，或者是该犯罪人的辩护律师、护理医生，或者接受过其忏悔的宗教神职人员的，则行为人的帮助行为不构成犯罪。

第二百三十四条　虚假举报犯罪行为罪

明知他人不是犯罪人，而举报他人犯有波斯尼亚和黑塞哥维那法律所规定的犯罪的，处六个月以上五年以下监禁。

明知他人不是犯罪人，通过伪造犯罪证据或者以其他方式导致该人因涉嫌犯有波斯尼亚和黑塞哥维那法律所规定的犯罪而被提起刑事诉讼的，按照本条第一款之规定予以处罚。

行为人不曾犯有波斯尼亚和黑塞哥维那法律所规定的犯罪，但举报自己犯有该罪的，处罚金，或者六个月以下监禁。

明知没有发生波斯尼亚和黑塞哥维那法律所规定的犯罪，但却向有关机关报案的，按照本条第三款之规定予以处罚。[1]

第二百三十五条　虚假陈述罪

证人、鉴定人、翻译人或者口译员在波斯尼亚和黑塞哥维那的法院程序、轻微违法程序、行政程序、惩戒程序中，提供虚假陈述的，处罚金，或者三年以下监禁。

在出席波斯尼亚和黑塞哥维那的民事诉讼或者行政诉讼中的听证会议时提供虚假陈述的，并且相关部门依据其所提供的虚假陈述而作出最终决定的，按照本条第一款之规定予以处罚。

在刑事诉讼中提供上述虚假陈述的，处六个月以上五年以下监禁。

犯本条第三款之罪，并因此导致特别严重后果的，处一年以上十年以下监禁。

行为人如果出于自愿，在相关部门作出最终决定之前撤回其虚假陈述的，处罚金，或者六个月以下监禁，也可以免予处罚。

第二百三十六条　妨害作证罪

在波斯尼亚和黑塞哥维那的法院程序、轻微违法程序、行政程序、惩戒程序中，通过使用暴力、威胁或者其他形式的强迫方式，或者通过向证人或出庭证人提供、许诺提供礼物或者其他利益的方式，使得证人或者出庭证人提供虚假陈述的，处六个月以上五年以下监禁。

在波斯尼亚和黑塞哥维那的法院程序、轻微违法程序、行政程

[1] 该条第四款仅仅是指举报了并不存在的犯罪事实，而不牵涉具体的犯罪嫌疑人。如果行为人举报并不存在的犯罪事实的同时，又明确列明了具体犯罪嫌疑人的，则应当按照该条第一款之规定处理。——译者注

序、惩戒程序中，以阻止或者妨碍证据展示为目的，隐藏、破坏、毁损用于作为证据的物品或者文件的，或者致使其无法使用的，处罚金，或者三年以下监禁。

第二百三十七条　侵犯诉讼秘密罪

未经授权，泄露其在波斯尼亚和黑塞哥维那的调查程序、轻微违法程序、行政程序中所知悉的，依照法律、波斯尼亚和黑塞哥维那法院的判决或者按照主管人员的决定而被确定为秘密的事实或者法律文件的，处三年以下监禁。

未经授权，公布在波斯尼亚和黑塞哥维那的调查程序、轻微违法程序、行政程序中所知悉的，依照法律、波斯尼亚和黑塞哥维那法院的判决或者按照主管人员的决定而被确定为秘密的事实或者法律文件的，或者为散布上述事实或者法律文件提供居间活动的，或者使公众能够接触到上述事实或者法律文件的，处六个月以上五年以下监禁。

第二百三十八条　法官渎职罪

波斯尼亚和黑塞哥维那宪法法院法官或者波斯尼亚和黑塞哥维那法院法官，以为他人谋利益或者侵害他人利益为目的，通过非法的法令或者在履行官方职责时以其他方式违反法律的，处六个月以上五年以下监禁。

第二百三十九条　拒不执行波斯尼亚和黑塞哥维那宪法法院、法院、人权委员会及欧洲人权法院判决罪

在波斯尼亚和黑塞哥维那及包括波斯尼亚和黑塞哥维那联邦、波斯尼亚和黑塞哥维那塞族共和国在内的两个实体，以及波斯尼亚

和黑塞哥维那布尔奇科特区的国家机关中任职的公职人员，拒不执行波斯尼亚和黑塞哥维那宪法法院、法院、人权委员会及欧洲人权法院的有最终执行力的判决的，或者阻止上述判决的执行的，或者以其他方式阻止上述判决的执行的，处六个月以上五年以下监禁。

第二百四十条　披露受保护的证人身份信息罪

未经授权，以使得已经或者即将向波斯尼亚和黑塞哥维那国家机关提供相关证据的证人身份信息被披露为目的，泄露、传达或者以其他方式使得依照法律、波斯尼亚和黑塞哥维那法院的判决主管人员的决定不能公开的证人身份信息或者已经被确定为秘密数据的证人身份信息被披露的，处三个月以上三年以下监禁。

波斯尼亚和黑塞哥维那法院法官或者在波斯尼亚和黑塞哥维那国家机关中供职的公职人员，使得本条第一款所规定的证人身份信息被无权接触该身份信息的人员知晓的，处六个月以上五年以下监禁。

未经授权，散布本条第一款所规定的证人身份信息的，或者为散布上述证人身份信息而提供居间活动的，或者使公众能够接触到上述证人身份信息的，按照本条第二款之规定予以处罚。

偶然获取虽被泄露但尚未被广泛公开的本条第一款所规定的证人身份信息，并且也明知该信息的性质，但仍然对其进行传递或者使得他人知晓的，处罚金，或者一年以下监禁。

犯本条第一款至第三款之罪，在有权机关的责令下，拒绝透露本条第一款所规定的证人身份信息的来源及其获取方式的，处一年以上八年以下监禁。

犯本条第四款之罪，在有权机关的责令下，拒绝透露本条第一款所规定的证人身份信息的来源及其获取方式的，处罚金，或者三年以下监禁。

第二百四十一条　妨碍司法罪

以使用暴力、威胁，或者其他形式的强迫，或者许诺提供某种不正当的利益等方式，在依照波斯尼亚和黑塞哥维那相关法律而提起的刑事诉讼中，引诱他人提交虚假证言的，或者干扰他人作证的，或者妨碍查找证据的，处一年以上十年以下监禁。

通过使用暴力、威胁，或者其他形式的强迫，在依照波斯尼亚和黑塞哥维那相关法律而提起的刑事诉讼中，妨碍法官、检察官或者其他执法官员履行职责的，处三年以上监禁。

第二百四十一条之一　妨害公务罪

以使用暴力或以立即实施暴力相威胁的手段，阻止在波斯尼亚和黑塞哥维那国家机关中供职的公职人员执行公务的，或者强迫其执行公务的，处三个月以上三年以下监禁。

犯本条第一款之罪时，虐待公职人员的，或者导致其身体轻微伤害的，或者威胁对其使用武器的，处六个月以上五年以下监禁。

针对正在执行波斯尼亚和黑塞哥维那国家安全保卫职责、抓捕罪犯职责或者拘押罪犯职责的公职人员犯本条第一款及第二款之罪的，处一年以上十年以下监禁。

因被公职人员之非法行为或粗暴行为所激怒，并因此犯本条第一款、第二款及第三款之罪的，可以免予处罚。

第二百四十一条之二　攻击执行安保、查处抓捕罪犯任务的公职人员罪

针对正在执行波斯尼亚和黑塞哥维那国家安全保卫职责、查处抓捕罪犯职责或者拘押罪犯职责的公职人员，或者被授权帮助该公职人员的人员，实施攻击或威胁立刻实施攻击的，处三个月以上三年以下监禁。[1]

犯本条第一款之罪时，导致公职人员或者被授权帮助该公职人员的人员身体轻微受伤的，或者威胁对其使用武器的，处六个月以上五年以下监禁。

犯本条第一款之罪时，导致公职人员或者被授权帮助该公职人员的人员身体严重受伤的，处一年以上十年以下监禁。

因被公职人员或者被授权帮助该公职人员的人员之非法行为或粗暴行为所激怒，并因此犯本条第一款、第二款及第三款之罪的，可以免予处罚。

[1] 本罪和第二百四十一条之一的“妨害公务罪”的区别是：其一，妨害公务罪在主观上必须具备妨碍公职人员依法执行公务的犯罪故意，而本罪则无须这种犯罪故意，只要行为人客观上对执行波斯尼亚和黑塞哥维那国家安全保卫职责、查处抓捕罪犯职责或者拘押罪犯职责的公职人员实施攻击即可。其二，妨害公务罪在客观上须有使用暴力或以立即实施暴力相威胁的手段，而本罪的手段相对比较缓和。——译者注

第二十一章
侵犯知识产权的犯罪

第二百四十二条　侵犯著作权罪

以自己名义或者以他人名义，出版、展览、上演、传播或者以其他方式向公众展出依照波斯尼亚和黑塞哥维那法律规定他人所应当享有著作权的作品的，或者允许此种行为发生的，处罚金，或者三年以下监禁。

如果在本条第一款规定的作品中，已经标明作者的姓名或者笔名，而行为人在出版、展览、上演、传播或者以其他方式向公众展出该作品时却未能标明作者的姓名或者笔名的，或者采用某种非法方法将他人上述作品的一部分剽窃至自己的作品中的，或者允许上述行为发生的，按照本条第一款之规定予以处罚。

未经作者允许，毁损、贬低、丑化或者以其他方式对本条第一款中的作品进行改编的，处罚金，或者三年以下监禁。

在未能标明艺术表演者的姓名或笔名的情况下，出版、展览、传播或者以其他方式向公众展出该艺术表演的，除非表演者希望保持匿名，按照本条第一款之规定予以处罚。

未经艺术表演者允许，毁损、贬低、丑化或者以其他方式对其已被录制的艺术表演进行改编的，按照本条第三款之规定予以处罚。

行为人以牟取较大利益或者给他人造成较大损失为目的而犯本

条第一款至第五款之罪，并因此获利且所得数额较大的，或者给他人造成较大损失的，处六个月以上五年以下监禁。

第二百四十三条　未经许可使用他人作品或者艺术表演罪

未经作者或著作权的其他持有人同意，或者依照波斯尼亚和黑塞哥维那相关法律条款应当征得经授权处理版权使用事宜的人员的同意但却未经其同意，或者违背上述人员的禁止性声明，对作者的作品进行原版拷贝、复制、批量生产、投放市场、出租、进口、跨境运送、展示、公演、广播、传播、翻译、改编、重新设计、改写或者以其他方式使用作者的作品的，处罚金，或者三年以下监禁。

未经表演艺术家同意，或者依照波斯尼亚和黑塞哥维那相关法律条款，应当征得经授权处理表演权使用事宜的人员的同意但却未经其同意，或者违背上述人员的禁止性声明，对艺术家的表演进行录制、复制、批量生产、投放市场、出租、进口、跨境运送、展示、公演、广播、传播或者以其他方式使用艺术家的表演的，按照本条第一款之规定予以处罚。

以未经授权非法使用他人智力劳动成果或者艺术家的表演为目的，生产、投放市场、出租、进口、跨境运送某种工具或设备，而该工具或设备的首要或者重要用途在于其能够非法消除或者破解用于保护著作权或者艺术家表演权的某种技术手段或者计算机程序的，或者使他人能够使用或者利用该种工具或设备的，按照本条第一款之规定予以处罚。

行为人已经知道、应当知道或者可能知道某种物品是意图被用于或者已经被用于犯本条第一款至第三款之罪，或者某种物品是通过实施本条第一款至第三款之罪而获得的，但仍然持有该物品的，处罚金，或者六个月以下监禁。

以牟取较大利益或者给他人造成较大损失为目的而犯本条第一款至第三款之罪，并因此获利且所得数额较大的，或者给他人造成较大损失的，处六个月以上五年以下监禁。

意图被用于或者已经被用于犯本条第一款至第三款之罪的物品，或者通过实施本条第一款至第三款之罪而获得的物品，应当予以没收并销毁。

第二百四十四条 侵犯影音制作者权利罪

依照波斯尼亚和黑塞哥维那相关法律条款应当征得影音制作人同意却未经其同意，或者违背其禁止性声明，直接或间接对某一影音制品予以播出、批量生产，或者未经授权将其投放市场、出租、进口、跨境运送或者以其他方式让公众能够获得该影音制品的，处罚金，或者一年以下监禁。

依照波斯尼亚和黑塞哥维那法律相关条款应当征得广播邻接权持有人同意却未经其同意，或者违背其禁止性声明，重新播出、录制、批量生产或者将该广播的录音制品投放市场的，按照本条第一款之规定予以处罚。

行为人以牟取较大利益或者给他人造成较大损失为目的犯本条第一款及第二款之罪，并因此获利且所得数额较大的，或者给他人造成较大损失的，处六个月以上五年以下监禁。

意图被用于或者已经被用于犯本条第一款至第三款之罪的物品，或者通过实施本条第一款至第三款之罪而获得的物品，应当予以没收并销毁。

第二百四十五条　非法经营加密卫星信号的解密设备及系统罪

未经有资质的加密卫星信号的合法分销商的授权，明知或者应当知道某些有形或无形装备或者系统是用于对已加密卫星信号的解密，但是仍然生产、加工、修改、进口、出口、售卖、租赁或者以其他形式分销上述装备或者系统的，处罚金，或者三年以下监禁。

行为人以牟取较大利益或者给他人造成较大损失为目的犯本条第一款之罪，并因此获利且所得数额较大的，或者给他人造成较大损失的，处六个月以上五年以下监禁。

意图被用于或者已经被用于犯本条第一款及第二款之罪的物品，或者通过实施本条第一款及第二款之罪而获得的物品，应当予以没收并销毁。

第二百四十六条　非法分销卫星信号罪

接收到他人对已加密卫星信号的非法解密版本，明知或者应当知道对该加密卫星信号的解密系未经授权，仍继续分销该卫星信号的，处罚金，或者六个月以上罚金。

行为人以牟取较大利益或者给他人造成较大损失为目的犯本条第一款之罪，并因此获利且所得数额较大的，或者给他人造成较大损失的，处罚金，或者三年以下监禁。

第二十一章之一　针对波斯尼亚和黑塞哥维那武装部队的犯罪❶

第二百四十六条之一　未能执行或拒绝执行命令罪

军事人员未能执行或拒绝执行由其上级官员依照职责所发布的命令，并因此造成该命令无法执行或者执行难度增加的，或者危及生命安全或者具有较大价值的财产的安全的，处五年以下监禁。

军事人员对抗正在履行职责的卫兵、巡逻兵或者履行其他类似职责的军事人员的，以及拒不遵从上述人员的召唤的，或者未能执行或者拒绝执行上述人员的命令的，处罚金，或者一年以下监禁。

犯本条第一款及第二款之罪，并因此对军事机关造成特别严重的危害后果的，处二年以上八年以下监禁。

军事人员出于过失犯本条第一款之罪的，处罚金，或者一年以下监禁。

因被上级官员、卫兵、巡逻兵、履行职责的其他军事人员之非法行为或者不规范行为所激怒，并因此犯本条第一款、第二款及第四款之罪的，可以减轻处罚，或者免予处罚。

---

❶ 本章是经过波斯尼亚和黑塞哥维那 2006 年第 53 号政府公告的修订，在《波黑刑法典》中特意专门增设的独立一章。——译者注

第二百四十六条之二　拒绝接受或使用武器罪

军事人员违反规定，没有正当理由拒绝接受或者使用有关主管机关依照命令或者规定所发放的武器的，处一年以上五年以下监禁。

第二百四十六条之三　对抗上级罪

军事人员和其他军事人员相勾结，对抗上级依照职责所发布的命令的，或者违背上述命令的，或者拒绝履行其职责的，处三个月以上五年以下监禁。

军事人员以有组织的形式犯本条第一款之罪的，处二年以上八年以下监禁。

军事人员犯本条第一款及第二款之罪时，使用武器的，处三年以上监禁。

军事人员组织或者指挥他人犯本条第一款至第三款之罪的，处十年以上监禁。

上级官员参与实施本条第一款至第三款之罪的，处十年以上监禁。

军事人员犯本条第三款之罪时，因过失而导致他人死亡的，处三年以上监禁。

军事人员犯本条第三款之罪时，故意杀害他人的，处十年以上监禁，或者长期监禁。

因被上级官员之非法行为或者不规范行为所激怒，并因此犯本条第一款之罪的，可以减轻处罚，或者免予处罚。

第二百四十六条之四 违背警戒、保卫、巡逻或类似的军事职责罪

军事人员违背关于执行警戒、保卫、巡逻或者其他类似的军事职责的规定，并因此对军事部门造成严重危害后果的，或者足以造成严重危害后果的，处三年以下监禁。

在储备武器、军事装备、爆炸物的仓库中，或者在其他具有重要军事价值的军事设施中犯本条第一款之罪的，处三个月以上三年以下监禁。❶

犯本条第一款及第二款之罪，并因此造成他人严重身体伤害的，或者造成巨大财产损失的，或者造成其他严重危害后果的，处六个月以上五年以下监禁。

犯本条第一款及第二款之罪，并因此导致一人或者更多人死亡的，处一年以上十年以下监禁。

军事人员过失犯本条第一款至第四款之罪的：

（一）对第一款之罪，处六个月以下监禁；

（二）对第二款之罪，处一年以下监禁；

（三）对第三款之罪，处三年以下监禁；

（四）对第四款之罪，处五年以下监禁。

第二百四十六条之五 对正在执勤的军事人员实施强制罪

以使用暴力或威胁直接使用暴力为手段，阻止军事人员履行其

---

❶ 在《波黑刑法典》中，监禁刑期限是在“三十天至二十年”。因此，本罪第一款中“三年以下监禁”和第二款中“三个月以上三年以下监禁”的法定刑之间还是存在区别的。——译者注

官方职责的，或者依照同样方式强迫其履行官方职责的，处三个月以上三年以下监禁。

犯本条第一款之罪时，严重侵犯执勤人员的，或者造成执勤军事人员轻微身体伤害的，处三个月以上三年以下监禁。

犯本条第一款及第二款之罪时，使用武器的，处六个月以上五年以下监禁。

因被执勤军事人员之非法行为或者不规范行为所激怒，并因此犯本条第一款之罪的，可以减轻处罚或者免予处罚。

第二百四十六条之六　攻击正在执勤的军事人员罪

攻击或以实施攻击而威胁正在履行其官方职责的军事人员的，处三年以下监禁。[1]

犯本条第一款之罪，并因此造成军事人员轻微身体伤害的，或者威胁使用武器的，处三个月以上三年以下监禁。

犯本条第一款之罪，并因此造成军事人员严重身体伤害的，或者对军事部门造成严重危害后果的，处一年以上十年以下监禁。

犯本条第一款之罪时，故意杀害军事人员的，处十年以上监禁，或者长期监禁。

因被执勤军事人员之非法行为或者不规范行为所激怒，并因此犯本条第一款及第二款之罪的，可以减轻处罚或者免予处罚。

---

[1] 本罪和第二百四十六条之五的“对正在执勤的军事人员实施强制罪”的区别是：其一，“对正在执勤的军事人员实施强制罪”在主观上必须具备阻止军事人员履行职责的犯罪故意，而本罪则无须这种犯罪故意，只要行为人客观上对执勤的军事人员实施攻击即可。其二，“对正在执勤的军事人员实施强制罪”在客观上须有使用暴力或以立即实施暴力相威胁的手段，而本罪的手段相对比较缓和。——译者注

第二百四十六条之七　虐待下属或低军衔军人罪

军事官员在服役中或在与服役有关的活动中虐待下属或者军衔低于自己的军人的，或者以其他方式冒犯其人格尊严的，处三年以下监禁。

针对多名下属或者军衔低于自己的军人犯本条第一款之罪的，处五年以下犯罪。

第二百四十六条之八　呈交虚假报告或账目罪

军事人员在执行职务或者主管某一军事部门期间，呈交虚假的报告或内容不真实的账目，或者在报告或账目中隐瞒本不该隐瞒的事实，从而对军事部门造成严重危害后果或者足以造成严重危害后果，并因此危及人们生命或者重大财产的安全的，处罚金，或者一年以下监禁。

犯本条第一款之罪时，如果所提交的报告或账目具有特殊重要性的，或者对军事部门造成特别严重危害后果的，处六个月以上五年以下监禁。

过失犯本条第二款之罪的，处罚金，或者一年以下监禁。

第二百四十六条之九　未能采取措施保护军事单位罪

上级军事官员未能采取规定的、指令的或者其他明显必要的措施对其依法应当予以保护的相关人员的生命及健康提供相应保护，或者未能采取上述措施以防护或保养相关战争设施、物品、装备以使其功能处于良好状态，或者未能采取上述措施对其应当予以保障供给的军事单位定期提供食品、装备及材料，或者未能采取上述措施看护或照顾家畜，或者未能采取上述措施按时并定期地对其应当予以保护的军事设施提供相应的安全或警卫保护，并因此对他人生命安全造成危险的，或者严重危及他人身体健康或具有巨大价值的财产的安全的，处三个月以上三年以下监禁。

犯本条第一款之罪，并因此造成他人身体严重伤害的，或者造成巨大财产损失的，或者造成其他严重危害后果的，处六个月以上五年以下监禁。

犯本条第一款之罪，并因此导致一人或者更多人死亡的，处一年以上十年以下监禁。

上级军事官员过失犯本条第一款之罪的，处罚金，或者一年以下监禁。

犯本条第四款之罪，而造成本条第二款之后果的，处三年以下监禁。

犯本条第四款之罪，而造成本条第三款之后果的，处五年以下监禁。

第二百四十六条之十　未能保障军事演习安全罪

军事人员在军事演习、训练或进行试验时，未能采取规定的、指令的或者明显必要的事先安全防范措施，并因此对他人生命安全造成危险的，或者严重危及他人身体健康或具有巨大价值的财产的安全的，处三个月以上三年以下监禁。

犯本条第一款之罪，并因此造成他人身体严重伤害的，或者造成巨大财产损失的，或者造成其他严重危害后果的，处六个月以上五年以下监禁。

犯本条第一款之罪，并因此造成一人或者更多人死亡的，处一年以上十年以下监禁。

过失犯本条第一款之罪的，处罚金，或者一年以下监禁。

犯本条第四款之罪，而造成本条第二款之后果的，处三年以下监禁。

犯本条第四款之罪，而造成本条第三款之后果的，处五年以下监禁。

第二百四十六条之十一　不规范或不谨慎管理受托管的武器罪

不规范或者不谨慎保管、存储、处置由其托管的属于军事单位或军事机构的武器、弹药、爆炸物，并因此造成上述物品严重破坏、毁损或丢失的，处罚金，或者一年以下监禁。

储存武器、弹药、爆炸物或者其他战备物资的仓库的管理人员，未能对上述物品采取适当安全措施或养护措施，并因此造成上述物品破坏、毁损或丢失的，处六个月以上五年以下监禁。

犯本条第二款之罪，并因此造成巨大财产损失的，处二年以上八年以下监禁。

过失犯本条第二款之罪的，处罚金，或者三年以下监禁。

犯本条第四款之罪，并因此造成本条第三款之后果的，处三个月以上三年以下监禁。

第二百四十六条之十二　非法处置受托管的武器或军事装备罪

非法侵占、转让、抵押、破坏或者毁损由其托管的属于国防所需的武器或军事装备的，或者将上述物品移交他人使用的，处六个月以上五年以下监禁。

第二百四十六条之十三　盗窃武器或军事装备罪

以获取或侵吞为目的，或者以为自己或者他人获取非法财产利益为目的，窃走国防所需的武器、军事装备或者战斗装备零部件的，处六个月以上五年以下监禁。

如果以下列方式犯本条第一款之罪的，处一年以上十年以下监禁：

（一）侵入、强行进入或者以其他方式克服巨大障碍而盗窃在封闭的建筑、房间、现金出纳机、柜子、保险柜或者其他封闭场所或空间内的财物的；

（二）作为某一团体的成员，伙同他人相互协作共同实施盗窃的；

（三）以危险或野蛮手段实施盗窃的；

（四）为攻击、防御而在盗窃时携带武器或危险器具的；

（五）在火灾、水灾、地震或相似的灾难发生时实施盗窃的；

（六）明知被盗物品具有较大价值，而仍然对其实施盗窃的。

第二百四十六条之十四　擅自进入军事设施，以及未经授权对军事设施及战争装备进行测绘罪

以进行军事侦察为目的，明知某一军事设施禁止进入，未经授权而擅自进入该军事设施的，处罚金，或者一年以下监禁。

未经授权而对军事设施或战争装备进行描摹或绘图的，或者对其拍照的，或者以其他方式对其进行录像的，处三个月以上三年以下监禁。

第二百四十六条之十五 擅离军事单位或部门罪

军事人员擅离其单位或部门，超过十日仍未返回的，或者在其假期届满之后超过十日仍未返回的，处罚金，或者一年以下监禁。

军事人员未经允许，在其单位或部门之外停留十日以内，并且此种行为超过两次的，或者在执行重要军事任务时、战备级别升级时擅离其单位或部门的，按照本条第一款之规定予以处罚。

军事人员隐藏行径以逃避在武装部队服兵役，或者擅离其单位或部门超过三十日仍未返回的，或者在假期届满之后超过三十日仍未返回的，处六个月以上五年以下监禁。

军事人员离开国家或在国外逗留以逃避在武装部队服兵役的，处三年以上监禁。

军事人员预谋逃到国外以逃避在武装部队服兵役的，处三个月以上三年以下监禁。

犯本条第一款之罪，如果出于自己意愿而向有关军事主管机关报告的，可以免予处罚。

犯本条第三款及第四款之罪，如果出于自己意愿而向有关军事主管机关报告的，可以从宽处罚。

第二百四十六条之十六 对在战争期间或者在国家进入紧急状态下或者在动员或征募武装力量的命令发布时犯罪的刑罚裁量

在战争期间或者在国家进入紧急状态下，或者在动员或征募武装力量的命令发布时，犯本法典第二百四十六条之一（未能执行或拒绝执行命令罪）的第二款，第二百四十六条之二（拒绝接受或使用武器罪），第二百四十六条之三（对抗上级罪）的第一款，第二百四十六条之四（违背警戒、保卫、巡逻或类似的军事职责罪）的第一款、第二款及第五款，第二百四十六条之五（对正在执勤的军事人员实施强制罪）的第一款及第二款，第二百四十六条之六（攻击正在执勤的军事人员罪）的第一款及第二款，第二百四十六条之七（虐待下属或低军衔军人罪），第二百四十六条之八（呈交虚假报告或账目罪），第二百四十六条之九（未能采取措施保护军事单位罪）的第一款、第四款、第五款及第六款，第二百四十六条之十（未能保障军事演习安全罪）的第一款、第四款、第五款及第六款，第二百四十六条之十一（不规范或不谨慎管理受托管的武器罪）的第一款、第四款及第五款，第二百四十六条之十四（擅入军事设施以及未经授权对军事设施及战争装备进行测绘罪），以及第二百四十六条之十五（擅离军事单位或部门罪）的第一款及第二款之罪的，处一年以上十年以下监禁。

在战争期间或者在国家进入紧急状态下，或者在动员或征募武装力量的命令发布时，犯本法典第二百四十六条之四（违背警戒、保卫、巡逻或类似的军事职责罪）的第三款及第六款，第二百四十六条之五（对正在执勤的军事人员实施强制罪）的第三款，第二百四十六条之六（攻击正在执勤的军事人员罪）的第三款，第二百四十六条之九（未能采取措施保护军事单位罪）的第二款及第三款，第二百四十六条之十（未能保障军事演习安全罪）的第二款及第三款，第二百四十六条之十一（不规范或不谨慎管理受托管的武器罪）的第二款及第三款，第二百四十六条之十二（非法处置受托管的武器或军事装备罪），第二百四十六条之十三（盗窃武器或军事装备罪）的第一款，以及第二百四十六条之十五（擅离军事单位或部门罪）的第三款及第五款之罪的，处三年以上监禁。

在战争期间或者在国家进入紧急状态下，或者在动员或征募武装力量的命令发布时，犯本法典第二百四十六条之一（未能执行或拒绝执行命令罪）的第一款及第三款，第二百四十六条之二（拒绝接受或使用武器罪）的第一款，第二百四十六条之三（对抗上级罪）的第二款、第三款及第四款，第二百四十六之四（违背警戒、保卫、巡逻或类似的军事职责罪）的第四款，第二百四十六条之五（对正在执勤的军事人员实施强制罪）的第四款，第二百四十六条之十三（盗窃武器或军事装备罪）的第二款，以及第二百四十六条之十五（擅离军事单位或部门罪）的第四款之罪的，处五年以上监禁，或者长期监禁。

第二百四十六条之十七　加入敌军及投降罪

军事人员，在战争期间或者在国家进入紧急状态下，或者在动员或征募武装力量的命令发布时，加入敌军的，处五年以上监禁。

军事人员，在战争期间或者在国家进入紧急状态下，或者在动员或征募武装力量的命令发布时，在尚未用尽一切防御手段的情况下向敌军投降的，处一年以上十年以下监禁。

第二百四十六条之十八　在战斗中未能履行职责罪

军事人员，在战斗期间或者在战斗即将开始之际，未能履行其职责，并因此导致军事单位、安全设备或者作战阵地遭受损失的，处一年以上十年以下监禁。

犯本条第一款之罪，并因此导致特别严重之危害后果的，处五年以上十五年以下监禁。

第二百四十六条之十九　在战斗中擅离职守罪

军事人员，在战斗期间或者在战斗即将开始之时，擅离其岗位的，处一年以上十年以下监禁。

犯本条第一款之罪，并因此造成严重危害后果的，处五年以上十五年以下监禁。

第二百四十六条之二十　违抗命令放弃阵地罪

军事指挥人员，违抗命令，在尚未用尽一切防御手段的情况下，放弃其所防守的阵地的，处一年以上十年以下监禁。

犯本条第一款之罪，并因此造成严重危害后果的，处五年以上十五年以下监禁。

第二百四十六条之二十一　过早放弃受损的船只或航空器罪

军事舰只的船长，在战争期间、紧迫的战争威胁期间或者在国家进入紧急状态下，或者在动员或征募武装力量的命令发布时，在尚未完全履行其所应担负的法定的管理军事舰只的职责之前，放弃受损船只的，处一年以上十年以下监禁。

军事舰只的船员，在战争期间、紧迫的战争威胁期间或者在国家进入紧急状态下，或者在动员或征募武装力量的命令发布时，或者在船长下达弃船命令之前，放弃受损船只的，或者军事航空器的机组成员，在战争期间、紧迫的战争威胁期间或者在国家进入紧急状态下，或者在动员或征募武装力量的命令发布时，在未能完全履行其所应担负的航空器飞行或使用职责之前，放弃受损航空器的，处一年以上八年以下监禁。

犯本条第一款及第二款之罪，并因此造成严重危害后果的，将按照以下规定处罚：

（一）犯本条第一款之罪，并因此造成严重危害后果的，处五年以上十五年以下监禁。

（二）犯本条第二款之罪，并因此造成严重危害后果的，处二年以上十年以下监禁。

第二百四十六条之二十二　将未受损战斗装备遗留给敌人罪

军事人员，放弃未遭实质性损失的仓库、船只、航空器、坦克或者其他战斗装备，而致使上述物品落入敌军手中的，处一年以上十年以下监禁。

军事人员，违抗命令，致使未遭受实质性损失的军事设施，或者其他具有重要意义的战争防御工事落入敌军手中的，依照本条第一款之规定予以处罚。

过失犯本条第一款及第二款之罪的，处三年以下监禁。

第二百四十六条之二十三　涣散军心及破坏作战时机罪

军事人员，在战斗期间或者在战斗即将开始之时，在士兵中激发不满情绪、散布骚乱性消息、逃离部队、抛弃武器弹药、传播恐怖气氛，或者以其他方式导致军事部门军心涣散或者破坏作战时机的，处二年以上十二年以下监禁。

上级军事人员，在战斗期间或者在战斗即将开始之时，未能采取措施，制止其下属或低军衔军人散布骚乱性消息、制造混乱或者无序状态的，处一年以上五年以下监禁。

犯本条第一款及第二款之罪，并因此造成特别严重危害后果的，处五年以上监禁。

第二百四十六条之二十四　未能保障军事部门安全罪

军事人员，在战争期间或者在国家进入紧急状态下，或者在动员或征募武装力量的命令发布时，未能向其主管的军事部门提供相应的安全保障，并因此给军事部门造成严重危害后果的，处二年以上十二年以下监禁。

犯本条第一款之罪，并因此给军事部门造成极其严重的危害后果的，处五年以上十五年以下监禁。

过失犯本条第一款之罪的，处三个月以上三年以下监禁。

过失犯本条第二款之罪的，处六个月以上五年以下监禁。

第二百四十六条之二十五　未能向军事机关通报重要事件罪

军事人员，在战争期间或者在国家进入紧急状态下，或者在动员或征募武装力量的命令发布时，未能毫无迟疑地向上级军官、或者比自己军衔更高的军官或军事总部机关通报明显需要采取紧急军事措施的事件的，处二年以下监禁。

犯本条第一款之罪，并因此造成严重危害后果的，处一年以上八年以下监禁。

第二百四十六条之二十六　宣告惩戒性措施的条件

就波斯尼亚和黑塞哥维那刑法典中的针对武装力量的，且法定刑不超过三年监禁的犯罪而言，如果法院认为该犯罪行为情节较为轻微，并且考虑到相关军事部门利益，法院可以对该犯罪人适用法律规章所设置的在波斯尼亚和黑塞哥维那武装部队中接受相应的违纪处罚措施或者惩戒性措施，以代替刑事制裁措施。

第二百四十六条之二十七　执行上级命令而犯罪的刑事责任

下级军人执行上级依照其职责而发布的命令的，即便其行为完全符合犯罪构成要件，但其执行命令的行为也不构成犯罪。但是如果其所执行之上级命令涉及灭绝种族罪、战争罪、反人类罪，或者其他依法可能被判处十年或者更严厉刑罚的犯罪的，或者如果其明知执行该命令会构成犯罪的，则应对其适用刑罚。

第二十二章　共谋、预备、结伙或者有组织犯罪

第二百四十七条　共谋实施犯罪行为罪

与他人共谋，意图和他人实施波斯尼亚和黑塞哥维那法律所规定的有可能被判处三年或者三年以上监禁的犯罪的，除非对共谋行为设置了处罚更严厉的某一特殊犯罪，处罚金，或者一年以下监禁。

第二百四十八条　预备实施犯罪行为罪

行为人自己虽然还没有实施犯罪行为，但是意图为实施按照波斯尼亚和黑塞哥维那法律所规定的可能被判处三年或者三年以上监禁的犯罪而获取或者准备犯罪工具的，或者消除犯罪障碍的，或者为实施该犯罪创造有利条件的，除非对预备行为设置了处罚更严厉的某一特殊犯罪，处罚金，或者三年以下监禁。

第二百四十九条　为实施犯罪活动而结社罪

意图实施波斯尼亚和黑塞哥维那法律所规定的犯罪行为，组建、指挥任何级别的团体，或者纠合三人或者三人以上的团伙的，除非对组建或纠合行为设置了处罚更严厉的某一特殊犯罪，处一年以上十年以下监禁。

参加本条第一款所规定的团体或团伙，成为其成员的，处罚

金，或者三年以下监禁。

本条第一款所规定的团体或团伙中的成员，在作为该团体或团伙成员为该团体或团伙实施犯罪行为之前，向有关机关揭发该团体或团伙的，可以免予处罚。

团体组建者或团伙的纠合者，通过揭发该团体或团伙，或者以其他方式阻止该团体或团伙实施犯罪行为的，处罚金，或者一年以下监禁，也可以免予处罚。

第二百五十条　有组织地实施犯罪活动罪

作为有组织犯罪集团的成员而实施波斯尼亚和黑塞哥维那法律所规定的犯罪行为，除非对上述行为设置了处罚更严厉的某一特殊犯罪，处三年以上监禁。

作为有组织犯罪集团的成员而实施波斯尼亚和黑塞哥维那法律所规定的有可能被判处三年或者三年以上监禁的犯罪行为，除非对上述行为设置了处罚更严厉的某一特殊犯罪，处五年以上监禁。

组建或者指挥任何级别的，旨在以共同犯罪的形式实施或者企图实施波斯尼亚和黑塞哥维那法律所规定的犯罪行为的有组织犯罪集团的，处十年以上监禁，或者长期监禁。

参加旨在以共同犯罪的形式实施或者企图实施波斯尼亚和黑塞哥维那法律所规定的犯罪行为的有组织犯罪集团，成为其成员的，除非对参加行为设置了处罚更严厉的某一特殊犯罪，处一年以上监禁。

本条第一款至第四款所规定的有组织犯罪集团中的成员，向有关机关揭发该有组织犯罪集团的，可以免予处罚。

附　则

第二十三章
过渡及结束条款

第二百五十一条　刑事制裁措施的执行

波斯尼亚和黑塞哥维那司法部，波斯尼亚和黑塞哥维那联邦、波斯尼亚和黑塞哥维那塞族共和国等两个实体的有权部门，以及波斯尼亚和黑塞哥维那布尔奇科特区的有权部门，将保证自本法典生效三个月以后开始，执行刑事制裁措施的协议应当能够在波斯尼亚和黑塞哥维那联邦、波斯尼亚和黑塞哥维那塞族共和国等两个实体，以及波斯尼亚和黑塞哥维那布尔奇科特区中被落实。

第二百五十二条　生效时间

本法典自二〇〇三年三月一日起生效。

后　记

奔跑是一种宿命[1]

2018年3月26日午夜时分，闻见李尊然学兄用时四小时五十四分跑完郑开马拉松全程。尊然兄年过五旬，年纪逾我多多，然中年读博，后负笈留学，乃至此时奔跑之意志丝毫不逊于我等年轻同学。故闻此有感，特作一文，追念年轻岁月，并企望砥砺意气，聊记少年气象。

1993年初夏在即，夜幕初临，我总是喜欢在平顶山城建环保学校的操场上不计体力、不计时间地奔跑，每每都是到实在无法坚持才能作罢。起初五六圈，后来十几圈也都能够一如既往，即便是大雨滂沱，也甘之若饴。因为我知道，当时除了坚持奔跑的意志，自己几乎是两手空空。唯其如此，自己才能熬过那段没有毕业证而惨然离校、无人心疼的年少岁月。唯一能够让自己坚持的是自己还不满二十岁，还有勇气，依旧年轻。

1995年，有时清晨，有时上午十点，只要有空还是会骑车十几分钟赶赴禹州市城南体育场晨跑，幻想是否能有一场不期而遇的邂逅。工作之余还是喜欢奔跑，因为除此之外，自己已然一无所剩。那时候初秋早晨清露奇多，傍晚夕阳也是格外圆润，但更重要

---

[1] 2018年3月27日，正是在《奔跑是一种宿命》一文感召下，我启动了《波黑刑法典》后续补充翻译。现谨以此文，聊做本书之后记。

的是自己青春正盛，还敢做梦。

1999年仲夏时分，带着满身的疲惫和最后一搏的念想，我孑然一人栖身于郑州市二七区金水河畔兑周城中村出租屋内，白天蹑手蹑脚地混入郑州大学本科生教室中，躲在课堂最后的角落中复习功课。其间，我从来不敢理会别人对我的冷嘲热讽。因为当时，连自卑都是一种奢侈，没有人愿意聆听我求学过程中天真而顽固的念想。当时，我只能一遍又一遍低效而枯燥地默记默写当年律师职业资格考试的讲义。就我而言，发声背诵都害怕惹人白眼，惊扰他人学习。尽管总是微言微气，甚至默不作声，但记忆中还是屡屡被讲课教师故意发问，后来甚至多次在同学们不怀好意的哂笑声中被轰出课堂。然而不曾想到的是，有一天自己也会以法学教授的身份站在郑州大学课堂上亲执教鞭，授业解惑。直至如今，我在郑州大学公共教室授课期间，无意中翻阅到校外考生的考研复习资料，总是感慨万千，浮想联翩。1999年是“末代律考”，在我懵懂的幻想中，这也极有可能是我结束求学生活，退败回程的最后关头。但即便如此，我还会时常在郑州大学南校区体育场中，不知疲倦地甩开双腿努力奔跑，尽管不到几分钟就会汗如雨下，而当时在出租屋顶楼临时搭建的石棉瓦小隔断房内，午后直至午夜凌晨，温度还是徘徊在三十八九摄氏度，但这仍然是我唯一的坚持。当时岁月艰难，但梦想依旧澄澈。

后来，有幸告别喧闹而嘈杂的瓦棚房，搬进了能够用自来水纳凉并喝到开水的郑州大学南校区宿舍，再后来，也自认为苦尽甘来，律考、考研先后顺利通过，还顺便牵手了现在的爱人。但是，此后的人生仍然是不乏坎坷。别人一年就拿到的博士入学通知书，我却为此整整奋斗了四年。其间，还伴随着结婚生子。但即便如此，蜗居在金水区信息学院路上河南财经学院温暖而狭促的筒子楼陋室中，还是幸福满满。据爱人不无嘲讽地嬉戏说，我曾在2005年正月初二晚上，喝下一斤多绵竹大曲，吃下近两斤羊肉，至于鱼丸等其他火锅杂菜，更是数不胜数。而印象中，在河南省政法管理干部学院刑事法学系教课、做科研之余，我还能够装模作样地在河南财经学院不怎么标准的操场跑上八九圈，打篮球时也时常会因为高难度的上篮动作而赢得满堂喝彩。当时的想法极为单纯，一方面为了锻炼，另一方面也是为了消解郁闷。那时候，没有上千元一双的耐克鞋，也不曾听说过奥迪Q5，更难以企望能像喝汽水一样灌饮飞天茅台。然而不知为何，尽管忧虑，但依然快乐如水。可是，就在去年，当我调入郑州大学法学院的第六年，克服万难用了五年艰难时光评过了正教授职称，已然到了名利俱来，儿女双全的人生美景。在觥筹交错中，刑辩业务也是有声有色，但我却倏然有些伤感。因为无声无息中，年轻悄然脱手，中年已徐徐而来。脚下虽有舒适而合脚的跑鞋，但奔跑早已成了过去式。自己也终于沦落为两鬓斑驳、大腹便便而不修边幅的油腻大叔，毫无征兆地蜕变成了年少时曾经讨厌过的样子。

就在今天阅读微信，突然看到硕士同届校友、中原工学院李尊然博士倾尽心力跑马拉松的消息，一时间心潮澎湃，不能自已。现在想来，我四十五岁的年纪，能做的事情还有很多。译文过半但中途搁置的《波黑刑法典》的补充翻译何时提上日程？数年前就应当创作的财产犯罪系列论文是否也应认真规划？第二外语及出国留学的想法能否尽早筹谋？抑或能否为自己及妻儿老小的前途命运念及一二？

想及于此，突然记起我年少时曾不顾一切所实施的某些壮举。偶然的几次单车骑行，可能决定了我一生的固执和坚持。初三及高一，自己曾在春末及秋初的两个清晨，背上水壶，带上几块烧饼，瞒着家人，一天骑车来回200多千米，往返于禹县城关镇和登封少林寺之间。为了留存纪念，有时还会用八角钱买上一只唐老鸭或米老鼠的石膏摆件。虽然，这些物件早已不知去向，但是依稀还记得当时咬紧牙关的拼命坚持，以及将这些纪念品装入绿色军用书包时曾信誓旦旦地说："我骑车来过了，如果有时间，我还会来。"我想，人生总应当有几次不计投入，无虑失败的热情。十五岁是这样，四十五岁也应如此。

现如今，岁月倥偬，韶华偷潜，大儿笃笃也临近我当时骑车到登封时意气风发的年纪。但每次我向他吹嘘当年儿时骑单车奔赴少林寺的经历时，他总是一脸的不屑，不以为然的神态更是溢于言表。我想，我是否有勇气，就从今日清晨，开启奔跑模式，减肥增气，蓄养精神。到今年某个春末夏初阳光明媚的上午，伴着朝阳，领上笃笃，骑上轻车，一路欢歌笑语，重返我年少时的征程。

王立志

于郑州高新区盛合苑小区礼园

2018年3月26日